令和7年版

根本正次のリアル実況中継

司法書士 合格ゾーン テキスト

9 刑法

はじめに

本書は、初めて司法書士試験の勉強にチャレンジする方が、本試験突破の「合格力」を無理なくつけるために制作しました。

まず、下の図を見てください。

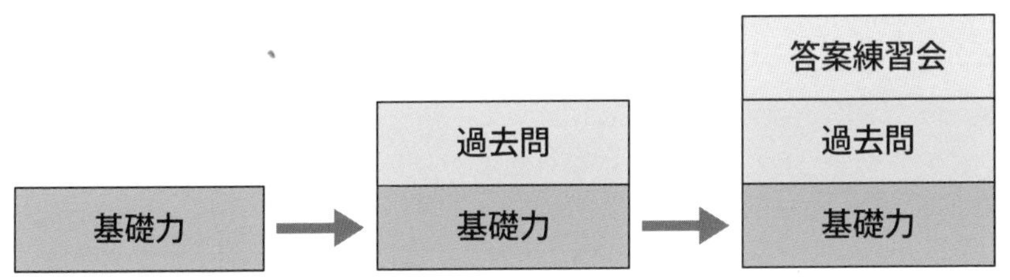

これは、司法書士試験での、理想的な知識の入れ方のイメージです。

まず、がっちりとした基礎力をつけます。この基礎力が備わっていれば、その後の部分は演習をすることで、徐々に知識を積み重ねていくことが可能になります。

私は、**この基礎力のことを「合格力」と呼んでいます**。

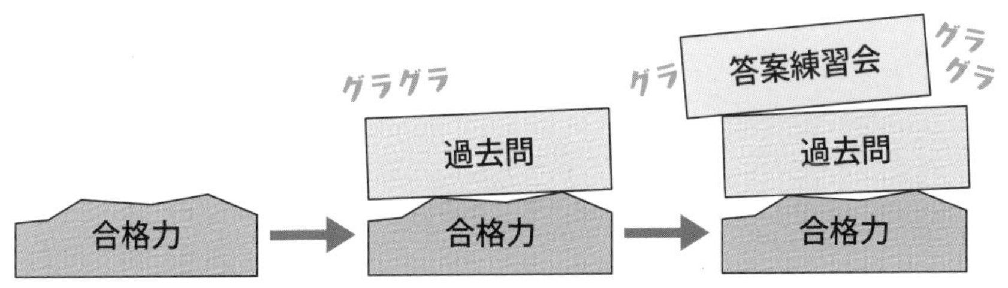

この合格力がついていないと、いくら勉強しても、知識を上積みすることができず、ドンドンと抜けていってしまいます（これまでの受験指導の中で、こういった受験生を本当に多く見ています…）。

本書は、まさにこの**「合格力（＋ある程度の過去問知識）」をつけるための基本書です**。

本書では、この「合格力」をつけるためにさまざまな工夫をしています。

①「合格に必要な知識」だけを厳選して掲載。

学問分野すべてを記載するのではなく、司法書士試験に出題がある部分（または今後出題される可能性が高いもの）に絞った記述にしています。学問的に重要であっても、「司法書士試験において必要かどうか」という観点で、論点を大胆に絞りました。

覚えるべき知識量を抑えることによって、繰り返し学習がしやすくなり、スムーズに合格力がつけられるようになります。本書を何度も通読し、合格力がついてきたら、次は過去問集にチャレンジしていきましょう。

②初学者が理解しやすい言葉、言い回しを使用。

本書は、司法書士試験に向けてこれから法律を本格的に学ぶ方のために作っています。そのため、**法律に初めて触れる方でも理解しやすい言葉や言い回しを使っています**。これは「極めて正確な用語の使い回し」をしたり、「出題可能性が低い例外を説明」することが、「必ずしも初学者のためになるとは限らない」という確固たる私のポリシーがあるからです。

③実際の講義を受けているようなライブ感を再現。

生講義のライブ感そのままに、話し言葉と「ですます調」の軟らかな文体で解説しています。また、できるだけ長文にならないよう、リズムよく５～６行ごとに段落を区切っています。さらに文章だけのページが極力ないように心掛けました。

④「図表」→「講義」→「問題」の繰り返し学習で知識定着。

１つの知識について、「図表・イラスト」、「講義」、「問題」で構成しています。そのため、本書を読み進めるだけで、**１つの知識について、３つの角度から繰り返し学習ができます**。また、「図表」は、講義中の登場人物の心境や物語の流れを把握するのに役立ちます。

⑤本試験問題を解いて実戦力、得点力アップ。

試験で落としてはいけない「基本知識」の問題を掲載。講義の理解度をチェックし、実戦力、得点力を養います。基礎知識を確認するための問題集としても使えます。

最後に

2002年から受験指導を始めて、たくさんの受験生・合格者を見てきました。

改めて、司法書士試験の受験勉強とは何をすることかを考えると、

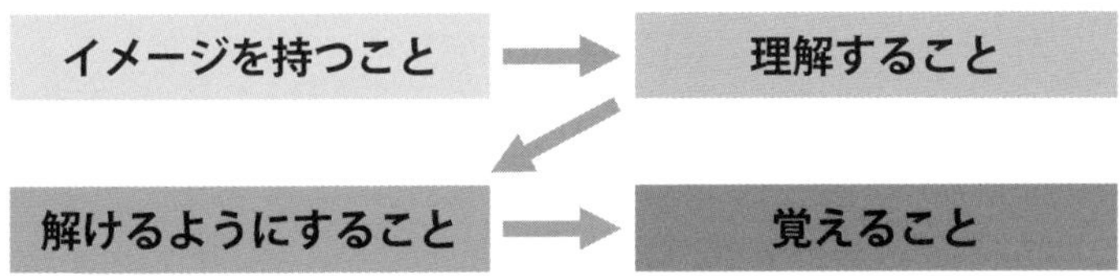

このプロセスを丹念に踏むことに尽きると思っています。

学習のスタートは、早ければ早いほど合格に近づきます。

しかし、いざ学習を始めるに当たり、「自分にできるかどうか」という不安をもっている方も多いのではないでしょうか。

ですが、**司法書士試験に今までの学習経験・学歴は、一切関係ありません。出題される知識を、「繰り返す」「続ける」努力を続けた人が勝つ試験です。**

本書は、いろいろな方法で学習を始めやすい・続けやすい工夫を凝らしています。安心して、本書を手に取って学習を始めてみましょう。

2024年5月

LEC専任講師　根本 正次

◆本書は、2024年5月1日現在成立している法律に基づいて作成しています。

●本書シリーズを使った学習法

STEP 1　本書を通読＋掲載されている問題を解く（1～2周）
※　ただし「2周目はここまで押さえよう」の部分を除く

まずは、本書をあたまから順々に読んでいってください。

各章ごとに、「問題を解いて確認しよう」という問題演習のパートがあります。それを解くことによって、知識が入っているかどうかを確認してください。ここの問題を間違えた場合は、次に進む前に、該当箇所の復習をするようにしてください。

STEP 2　本書の「2周目はここまで押さえよう」の部分を含めて通読する　＋　問題を解く（2周以上）

本書には「2周目はここまで押さえよう」というコーナーを多く設けています。この部分は、先の学習をしないとわからないところ、知識の細かいところ、基本知識が固まらないうちに読むと消化不良を起こす部分を記載しています。

STEP 1を数回クリアしていれば、この部分も読めるようになっています。ぜひ、この部分を読んで知識を広げていってください（法律の学習は、いきなり0から10まで学ぶのではなく、コアなところをしっかり作ってから、広げるのが効率的です）。

STEP 3　本書の姉妹本「合格ゾーン ポケット判択一過去問肢集」で演習をする　＋　「これで到達合格ゾーン」のコーナーを参照する

ここまで学習が進むとアウトプット中心の学習へ移行できます。そこでお勧めしたいのが、「合格ゾーン ポケット判択一過去問肢集」です。こちらは、膨大な過去問集の中からAAランク・Aランクの知識に絞って演習ができる教材になっています。

そして、分からないもの、初めて見る論点があれば、本書の「これで到達合格ゾーン」の個所を見てください。

ここには、近年の司法書士試験の重要過去問について、解説を加えています。

この部分を読んで、新しい知識の記憶を強めていきましょう。

（そして、学習が深化してきたら、「これで到達合格ゾーン」の部分のみ通読するのも効果的です。）

STEP 4　ＬＥＣの答案練習会・公開模試に参加する

本試験では、過去問に出題されたとおりの問題が出題されたり、問い方を変えて出題されたりすることがあります。

また、本試験の２～３割以上は、過去に出題されていない部分から出されます。

こういった部分の問題演習は、予備校が実施する答練で行うのが効率的です。

ＬＥＣの答練は、

・過去問の知識をアレンジしたもの

・未出知識（かつ、その年に出題が予想されるもの）

を出題していて、実力アップにぴったりです。

どういった模試・答練が実施されているかは、是非お近くのLEC各本校に、お問い合わせください。

TOPIC　令和６年度から記述式問題の配点が変更！より要求されるのは「基礎知識の理解度」

令和６年度本試験から、午後の部の配点が、択一の点数（１０５点）：記述の点数（１４０点）へと変更されました。

「配点の多い記述式の検討のため、択一問題を速く処理すること」、これが新時代の司法書士試験の戦略です。

そのためには、基礎知識を着実に。かつ、時間をかけずに解けるようにすることが、特に重要になってきます。

●本書の使い方

本書は、**図表➡説明という構成になっています**（上に図表があり、その下に文章が載っています）。

本書を使うときは、「図表がでてきたら、その下の説明を読む。その講義を読みながら、上の図表を見ていく」、こういうスタイルで見ていってください。

そして、**最終的には、「図表だけ見たら知識が思い出せる」というところを目標にしてください。**

イントロダクション

この編で何を学んで行くのかの全体像がつかめます。この内容を意識しながら学習を進めるといいでしょう。

章の初めには、「どういったことを学ぶのか」「どういった点が重要か」という説明が書かれています。
この部分を読んでから、メリハリをつけて本文を読みましょう。

基本構造

本書の基本構造は「図表➡その説明」となっています。「図表を軽く見る➡本文を読む➡図表に戻る」という感じで読んでいきましょう。

第2編 民法の基礎知識

ここから民法の基礎知識を14個のテーマに分けて、見ていきます。この14個のテーマを学習した後に、第3編以降で細かく受験の論点を追いかけていきましょう。

～代理人は本人の代わりなので、ちゃんとした人で～

第1章 代理制度

これからやる代理という制度は、本試験で多くの出題があるところです。
まずは、①そもそも代理というのはどういう制度なのか、②代理が成立するための要件は何か、③頼まれてもいないのに代理した場合はどうなるか、こういったことを学習しましょう。

第1節 任意代理

図表

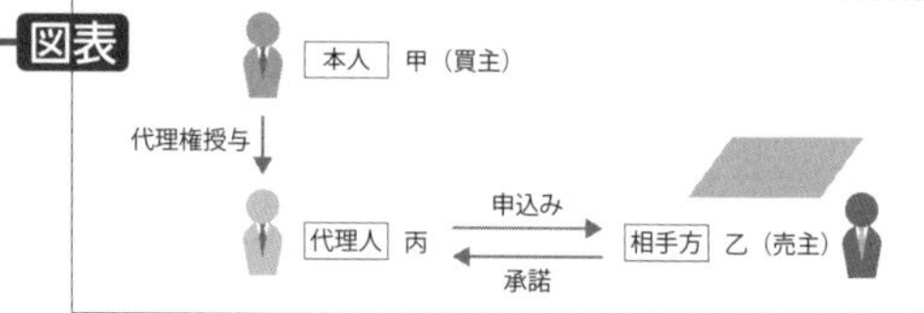

説明 甲は、丙に、「乙の土地が欲しいから、値段交渉をして買ってきて欲しい」と頼みました。

2　LEC東京リーガルマインド　令和7年版 根本正次のリアル実況中継 司法書士 合格ゾーンテキスト 1 民法Ⅰ

根本講師が説明！ 本書の使い方Web動画！

本書の使い方を、著者の根本正次ＬＥＣ専任講師が動画で解説します。登録不要、視聴無料で、いつでもアクセスできます。

本書の構成要素を、ひとつひとつ解説していき、設定の意図や留意点などを分かりやすく説明していきます。

是非、学習前に視聴していただき、本書を効率よく使ってください。

※スマートフォン等による視聴の場合、パケット通信料はお客様負担となります。

◆アクセスはこちら

◆二次元コードを読み込めない方はこちらから
https://www.lec-jp.com/shoshi/book/nemoto.html

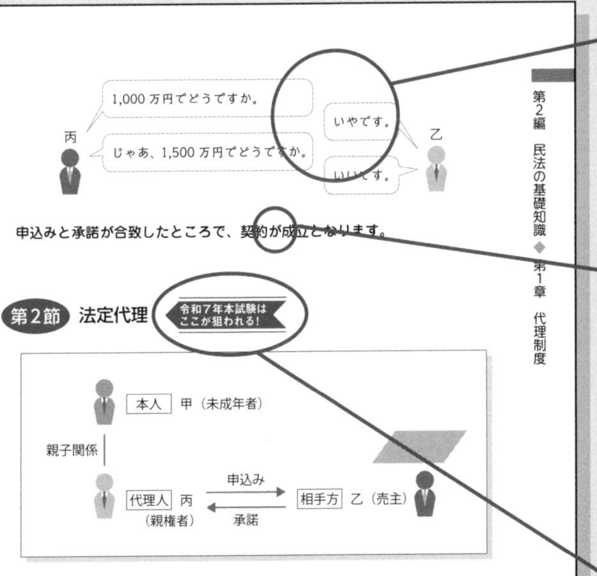

会話調のイラスト

流れや状況を会話調のイラストにすることにより、イメージしやすくなり、理解が早まります。

本文

黒太字：知識の理由となっている部分です。理由付けは理解するためだけでなく、思い出すきっかけにもなるところです。

赤太字：知識として特に重要な部分につけています。

令和7年本試験はここが狙われる！

令和7年本試験で狙われる論点をアイコンで強調表示しています。

条文

本試験では条文がそのまま出題されることがあります。覚える必要はありませんが、出てくるたびに読むようにしてください。

※上記は見本ページであり、実際の書籍とは異なります。

図に表示されている矢印の違い

本書には数多くの図が掲載されていますが、掲載されている矢の形で意味合いが異なってきます。

覚えましょう

試験問題を解答していく上で、欠かせない重要な部分です。読んだ後、この箇所を隠して暗記できているかを確認していきましょう。

Point

その単元の特に重要な部分です。この部分は特に理解することをこころがけて読んでください。

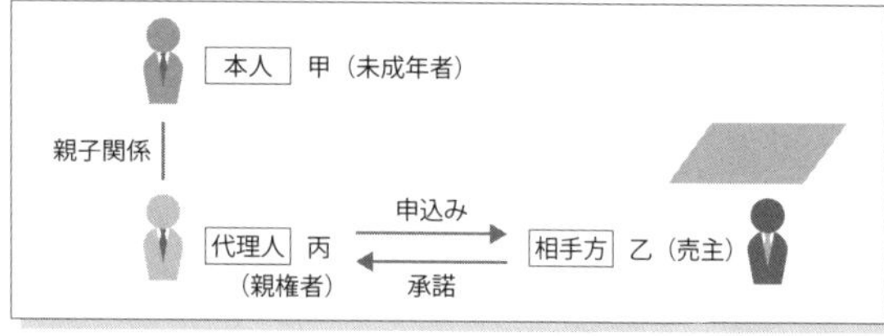

覚えましょう

代理行為が成立する要件

① 本人 甲が権利能力を有すること
② 代理人 丙が代理権を有すること
③ 代理人 丙が 相手方 乙に対して顕名をすること
④ 代理人 丙と 相手方 乙との間に有効な契約が成立すること

理行為が有効に成立するためには、①から④までの要件が必要です。
この4つをすべてクリアすると、直接甲に効果帰属します。

（1）権利能力について

Point

権利能力：権利義務の帰属主体となりうる地位
→「人」が持つ
→「人」とは、自然人・法人

権利能力とは、私は「**権利を持てる能力、義務を負える能力**」と説明しています。

そして、この**能力を持つのは、人**です。

法律の世界で人といった場合は、**自然人と法人**を指します。

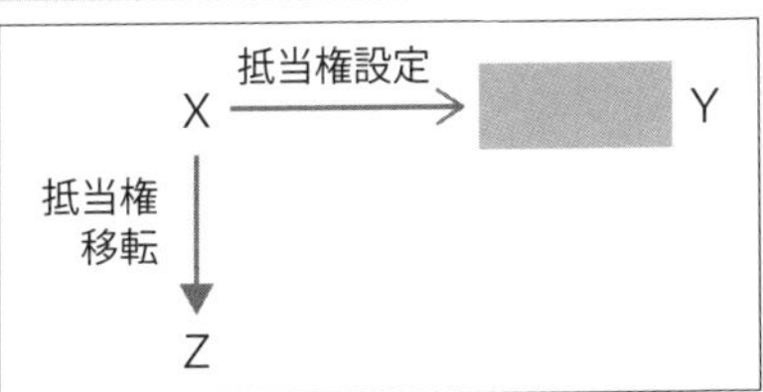

や 流れを示しています。権利や物がその方向で動いていると思ってください。
※太さが異なっても意味は同じです。

債権、所有権、地上権などの権利を差しています。誰が権利をもっていて、どこに向かっているかを意識してみるようにしてください。

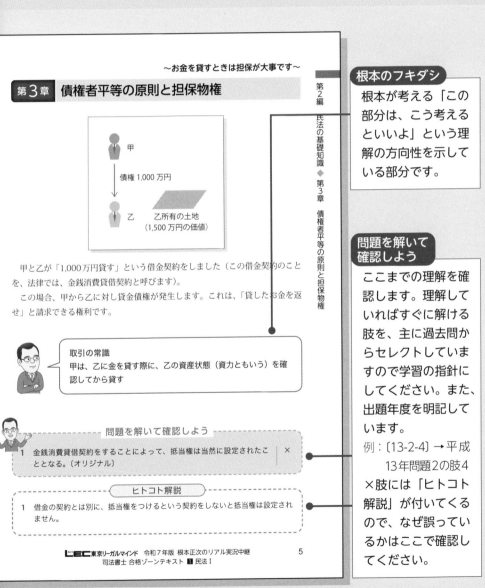

～お金を貸すときは担保が大事です～

第3章 債権者平等の原則と担保物権

第2編 民法の基礎知識◆第3章 債権者平等の原則と担保物権

甲

債権 1,000 万円

乙

乙所有の土地
(1,500 万円の価値)

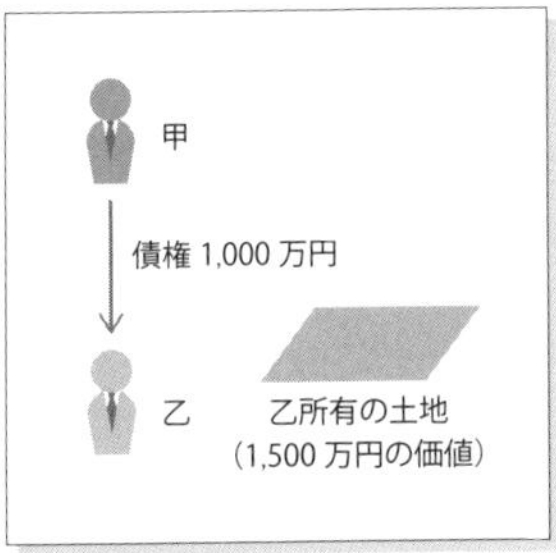

甲と乙が「1,000万円貸す」という借金契約をしました（この借金契約のことを、法律では、金銭消費貸借契約と呼びます）。

この場合、甲から乙に対し貸金債権が発生します。これは、「貸したお金を返せ」と請求できる権利です。

取引の常識
甲は、乙に金を貸す際に、乙の資産状態（資力ともいう）を確認してから貸す

問題を解いて確認しよう

1 金銭消費貸借契約をすることによって、抵当権は当然に設定されたこととなる。〔オリジナル〕 ×

ヒトコト解説

1 借金の契約とは別に、抵当権をつけるという契約をしないと抵当権は設定されません。

LEC東京リーガルマインド 令和7年版 根本正次のリアル実況中継 司法書士 合格ゾーンテキスト 1 民法Ⅰ 5

根本のフキダシ

根本が考える「この部分は、こう考えるといいよ」という理解の方向性を示している部分です。

問題を解いて確認しよう

ここまでの理解を確認します。理解していればすぐに解ける肢を、主に過去問からセレクトしていますので学習の指針にしてください。また、出題年度を明記しています。

例：〔13-2-4〕→平成13年問題2の肢4

×肢には「ヒトコト解説」が付いてくるので、なぜ誤っているかはここで確認してください。

※上記は見本ページであり、実際の書籍とは異なります。

目 次

根本正次のリアル実況中継

司法書士
合格ゾーン テキスト

9 刑法

まるわかりWeb講義

著者、根本正次による、科目導入部分のまるわかり Web 講義！

科目導入部分は、根本講師と共に読んで行こう！
初学者の方は、最初に視聴することをおすすめします。

◆二次元コードを読み込んで、アンケートにお答えいただくと、ご案内のメールを送信させて頂きます。
◆「まるわかりWeb講義」は各科目の「第１編・第１章」のみとなります。２編以降にはございません。
◆一度アンケートにお答えいただくと、全ての科目の「まるわかりWeb講義」が視聴できます。
◆応募期限・動画の視聴開始日・終了日については、専用サイトにてご案内いたします。
◆本書カバー折り返し部分にもご案内がございます。

第1編 司法書士試験と刑法

まるわかりWeb講義

～上手に見極めながら学習して、しっかり得点源にしていきましょう～

ここでは司法書士試験における刑法の重要度、学習のスタンスを説明します。
面白いけど、ハマってはいけない
これがこの試験における刑法との付き合い方です。

(1) 出題数
　午前択一　　3問／35問
(2) 合格のために必要な点数
　2～3問　／　3問

刑法の出題数は多くありません。

そして、解きやすい問題が多いので、ここは稼げる科目です。

- 判例の結論を問う問題が主流
- 学説の対立についての過去問は、無視すること

近年の司法書士試験の刑法では、**判例の結論部分のみ出題されています。**
「判例の趣旨に照らすと、この事例では犯罪が成立するか」という形式の問題ばかりです。

刑法学は、抽象的な議論が非常に多く、また学者の意見の対立も多く存在します。ただ、この点は**近年の本試験では全く出題されません。**

そのため、**抽象的な議論・学説の対立にハマらないようにしてください。**

面白いけど、ハマりすぎないこと

この科目は、今までやった科目と比べて、学習することが楽しいです。そのため、自分で事案を考えて、「○○だったら犯罪かな？」と考えがちになります。

ただ、出題のほとんどは判例の結論です。ご自身で事案を考えても、判例がなければ、出題はされません。そのため、**事案をでっち上げて勉強するというのは、効率的ではないので絶対にやめましょう。**

第2編 刑法総論

刑法は大きく分けて、「すべての犯罪の共通項を規定する」刑法総論と、「具体的な1つ1つの犯罪を規定する」刑法各論があります。

ここでは、共通項に当たる刑法総論を学習します。抽象論にハマらないよう、結論はどうなるのかという点を意識して読んでいってください。

～刑法では、罪となる場合についての明確な条文が事前に示されています～

第1章 刑法の基礎

ここでは、刑法学習の大前提を説明します。
具体的には
① 刑法はなぜ存在するのか
② 事前に法律による予告をしないと、人を罰することはできない
③ 日本の刑法は、どこまで適用されるのか？
ということを学んでいきます。

第1節 刑法の意義と機能

199条（殺人）
人を殺した者は、死刑又は無期若しくは5年以上の懲役に処する。

刑法には、罪と罰が規定されています。「何をしたら罪で、それにはどういった罰を与えるのか」が規定されています。

上の条文で言うと、人を殺したというのが罪で、死刑または無期もしくは5年

以上の懲役というのが罰になります。

このように「何が犯罪」で「どのように罰するか」を規定しているのが刑法ですが、**罪の部分しか出題されません**。どういう罰を受けるのかを、1個1個覚える必要はありません。

刑法の機能

① 法益を保護する機能

② 自由を保障する機能

刑法には2つの目的があります。

例えば、199条は「人の命を守りたい」から、それを侵害したら犯罪にしました。

このように、**法が守りたい利益のことを、法益と呼びます**（犯罪ごとに守りたい法益が決まっています。それを覚えるのが、刑法学習の1つのコツです）。

次に、もう1つの目的を説明します。

すべての行為の中で、黒い部分が刑法に書かれている部分と思ってください。

刑法は、この行為をやったら罰するぞと規定しています。

ということは、**「それ以外をやっても罰しないよ、それ以外をやっても自由だよ」を意味している**のです。

刑法の目的のもう1つがここです。刑法で「○○したら罰するぞ」と規定していることで、**何ができて、何ができないのかが分かるようにしている**のです。

第2節 罪刑法定主義

Point

罪刑法定主義とは、犯罪と刑罰はあらかじめ成文の法律によって明確に規定されていることを要するという原則をいう。
→ 法律主義と事後法の禁止

罪刑法定主義という考え方があります。
「**法律**」という言葉と「**あらかじめ**」という言葉がポイントです。

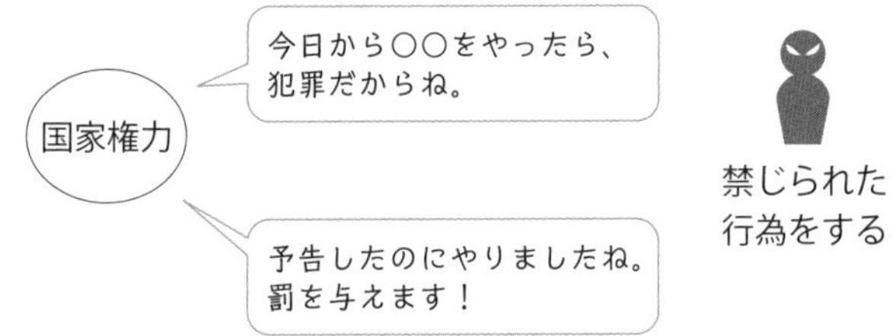

「あらかじめ」というのは、先にルールを作って予告をしろということを指しています。**ルールを作って予告したうえでないと罰することはできない**のです。

「今日、ルールを作る。それで昨日やったことを罰する」これは、許されません。**遡及的に昔のことを処罰することを禁じています（遡及処罰の禁止ともいいます）**。

そして、そのルールは「法律」の必要があります。

法律というのは、国会が作るルールです。その国会には我々の代表者の国会議員がいて、彼らが議論して作っています。つまり**我々が作っている**ことになっているのです。

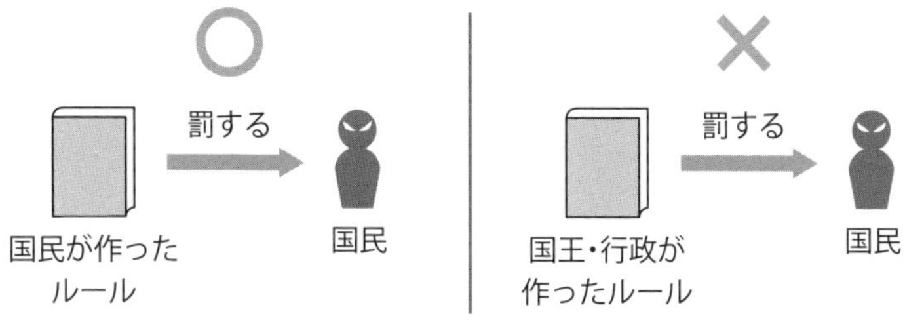

「**国民を罰するには、国民が作ったルールじゃないと罰することはできない**」、結局のところ、「**国王や行政が作ったルールでは、私たちを罰することはできませんよ**」ということです。

罪刑法定主義という原理は、権力の濫用を防ぐためにあります。
国家権力側が私たちをいじめないように、「勝手にルールを作って罰する」「今日ルールを作って、昨日の行為を罰する」ことを禁じたのです。

この罪刑法定主義という考え方は、他にも派生して色々な原理を生み出しています。ここでは、代表的なものを2つ紹介します。

Point

慣習刑法の禁止（法律主義）
犯罪と刑罰は法律の形式による必要がある。慣習法を認めない。
（修正）内容の理解や判断の根拠として、刑法を解釈するにあたり、慣習法を用いるのは可。

慣習、これは、その地域のならわしと思ってください。
その**地域のならわしで、人を罰することは許されません**。**法律という国会で作ったルール以外で罰することができないから**です。

「刑法で我々を罰する」ことは許されますが、この刑法の解釈の際に、「その地域のならわしなどを、刑法に取り込んで使う」のは問題ありません。

慣習で罰するのはだめですが、前記の事例は刑法のルールで罰しているので問題ありません。

Point

類推解釈の禁止

刑罰法規を被告人の不利に類推解釈してはならない。

（修正）被告人に有利な類推解釈、拡張解釈及び縮小解釈は許される。

「条文に規定がない。そこで似ている条文を使って適用する」、これが類推解釈です。民法などではできるのですが、刑法ではＮＧです。

「条文に規定がない」＝「自由にやってよい」はずです。だから、**条文に規定がなければ、「他の条文に似ているから」として、罰することは許されません。**

ただ、**類推解釈の結果、被告人側に有利になるなら構いません。**

罪刑法定主義という考え方は、国家権力側を縛る原理であり、**行為者側を保護するための原理**です。

そのため、行為者側にとって有利な結論になるのなら類推解釈が許されているのです（具体例は難しいので、考えないでください）。

問題を解いて確認しよう

1	罪刑法定主義は、法律主義と事後法の禁止という考え方から成り立っているとみることができる。〔9-23-イ〕	○
2	事後法の禁止からは刑罰法規の不遡及が導き出され、行為が行われた後に制定した法律で当該行為を処罰することはできない。〔9-23-エ〕	○
3	森林窃盗罪の成否について入会権の有無の判断を要する場合に、その判断の根拠を慣習法に求めてはならないとすることは、罪刑法定主義の要請である。〔55-27-3（9-23-ウ）〕	×
4	法律主義及び事後法の禁止から類推解釈の禁止が導き出され、被告人にとって利益、不利益を問わず、法律が規定していない事項について類似の法文を適用することは許されない。〔9-23-オ（63-24-4）〕	×

×肢のヒトコト解説

3　判断の根拠に、慣習を使うのはＯＫです。

4　被告人に有利になるのであれば、類推解釈も認められます。

第3節　刑法の場所的適用範囲

例えば、イランでイラン人同士の殺人事件があった場合、日本の刑法を適用するでしょうか？　適用するわけないですね。

一方、日本の歌舞伎町でイラン人と中国人で殺人事件があった場合、これは日本の刑法の適用があります。

このように、**世界中の事件について、どこまでが日本の刑法を適用するのかが、本節のテーマ**です。

これは、**犯罪が行われた場所が大きく影響**してきます。

◆ 場所的適用範囲 ◆

	犯罪地	犯人	犯罪 （詳細は条文を確認すること）	結論
属地主義 （1）	日本で 行われた	すべて の者	すべての犯罪に	日本の刑法を 適用させる

日本で行われたものについては、基本、日本の刑法の適用があります。

では、何をもって日本で行われたことになるのでしょう。次の図を見てください。

例えば日本国内で行為をして、海外で結果が起きたという場合、また、国外で行為をして、結果が日本で起きた場合、どちらについても、日本の刑法の適用があります。

犯罪行為、結果どちらが日本であったとしても、日本の刑法が適用されると思ってください。

問題は、海外で行われた犯罪です。

これから5つほど表を見ていきますが、それはすべて海外で行われた時の話です。

覚えましょう

	犯罪地	犯人	犯罪 （詳細は条文を確認すること）	結論
属人主義 (3)	国外で 行われた	日本人 の犯罪	一定のものだけ （具体例） ① 殺人罪 ② 傷害・傷害致死罪 ③ 現住建造物等放火・非現住建造物等放火罪 ④ 窃盗・強盗 ⑤ 詐欺・背任・恐喝 ⑥ 私文書偽造罪	日本の刑法を 適用させる

これは、**海外で日本人が凶悪犯罪をした場合**です。

海外で日本人が凶悪犯罪をした場合、現地でも処罰されるかもしれませんが、日本の刑法も待っています。

（具体的にどういった犯罪が該当するかは、刑法各論を学習してから、改めて見てください。）

覚えましょう

	犯罪地	犯人	犯罪 （詳細は条文を確認すること）	結論
保護主義 (2)	国外で 行われた	すべて の者	日本国家の法益を害する犯罪は （具体例） ① 内乱 ② 有価証券偽造又は通貨偽造	日本の刑法を 適用させる

海外で日本国家の法益を侵害しようとしている場合です。海外で日本を内乱させようと考えているような場合、日本国の法益を守るため、日本の刑法を適用させます。

	犯罪地	犯人	犯罪 （詳細は条文を確認すること）	結論
保護主義 （4）	国外で 行われた	日本の 公務員 の犯罪	一定のものだけ （具体例） ① 虚偽公文書作成罪 ② 収賄	日本の刑法を 適用させる

これは、**海外で日本の公務員が犯罪している場合**です。

かつて、外務省の役人がハワイでゴルフ接待を受けたといった事件がありました。このように、海外で公務員が収賄を受けた場合、日本の刑法の適用があります。

覚えましょう

	犯罪地	犯人	犯罪 （詳細は条文を確認すること）	結論
保護主義 （3の2）	国外で 行われた	すべて の者	日本人を被害者にする犯罪は （具体例） ① 殺人罪 ② 傷害・傷害致死罪 ③ 営利目的等拐取 ④ 強盗	日本の刑法を 適用させる

今度は被害者に注目します。

海外で日本人が被害者になっている場合、特に身体に関する犯罪に巻き込まれた場合には、日本の刑法を適用します。犯人が誰であろうとも日本の刑法を適用するのです。

覚えましょう

	犯罪地	犯人	犯罪 （詳細は条文を確認すること）	結論
世界主義 （4の2）	国外で 行われた	条約で 定めら れた者	条約で決めた犯罪	日本の刑法を 適用させる

今まで載っていたもの以外でも、**条約を決めていれば、日本の刑法が適用できます。**

昔、ペルーで日本大使館が襲撃されるという事件がありました。その当時日本とペルーではこの手の条約を結んでいなかったため、そこで行われた犯罪行為のいくつかに日本の刑法が適用できませんでした。

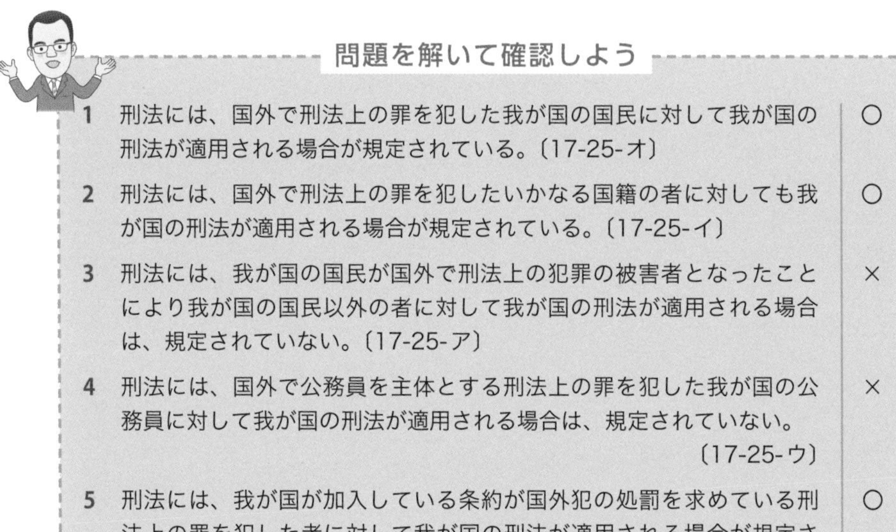

問題を解いて確認しよう

1	刑法には、国外で刑法上の罪を犯した我が国の国民に対して我が国の刑法が適用される場合が規定されている。〔17-25-オ〕	○
2	刑法には、国外で刑法上の罪を犯したいかなる国籍の者に対しても我が国の刑法が適用される場合が規定されている。〔17-25-イ〕	○
3	刑法には、我が国の国民が国外で刑法上の犯罪の被害者となったことにより我が国の国民以外の者に対して我が国の刑法が適用される場合は、規定されていない。〔17-25-ア〕	×
4	刑法には、国外で公務員を主体とする刑法上の罪を犯した我が国の公務員に対して我が国の刑法が適用される場合は、規定されていない。〔17-25-ウ〕	×
5	刑法には、我が国が加入している条約が国外犯の処罰を求めている刑法上の罪を犯した者に対して我が国の刑法が適用される場合が規定されている。〔17-25-エ〕	○
6	日本国外から毒薬を郵送し、国内でこれを服用した者が国外で死亡した場合、日本の刑法が適用される。〔4-25-ウ〕	○

×肢のヒトコト解説

3　保護主義（3の2）により、身体に関する犯罪については日本の刑法の適用があります。

4　保護主義（4）により、収賄事件が海外であった場合は、日本の刑法の適用があります。

これで到達！ 合格ゾーン

□ 貿易商を営む外国人Aは、外国人Bから日本での絵画の買付けを依頼され、その代金として日本国内の銀行に開設したAの銀行口座に振り込まれた金銭を、日本国内において、業務のため預かり保管中、これを払い出して、日本人Cに対する自己の借金の返済に費消した。この場合、Aには、我が国の刑法が適用され、業務上横領罪が成立する。〔令5-24-ア〕

★日本で行われた犯罪は、日本の刑法が適用されます（1Ⅰ・属地主義）。

□ 外国人Aは、外国のホテルの客室内において、観光客である日本人Bに対し、けん銃を突きつけて脅した上で持っていたロープでBを緊縛し、反抗を抑圧されたBから現金等在中の財布を強奪した。この場合、Aには、我が国の刑法が適用され、強盗罪が成立する。〔令5-24-イ〕

★日本国民が身体に被害を受ける犯罪をされているので、日本の刑法の適用があります（3の2⑥・保護主義）。

□ 外国人Aは、日本国内で使用する目的で、外国において、外国で発行され日本国内で流通する有価証券を偽造した。この場合、Aには、我が国の刑法が適用され、有価証券偽造罪が成立する。〔令5-24-ウ〕

★日本の法益を侵害しようとしている有価証券偽造は、海外で行われても日本の刑法の適用があります（2・保護主義）。

□ 日本人Aは、外国において、現に外国人Bが住居として使用する木造家屋に放火して、これを全焼させた。この場合、Aには、我が国の刑法の適用があり、現住建造物等放火罪が成立する。〔令5-24-エ〕

★日本人による重大犯罪なので、日本の刑法の適用があります（3①・属人主義）。

第２章　犯罪の成立要件

ここでは、すべての犯罪に共通の要件を見ていきます。
特に出題が多いのが「違法性」という要件と、それがなくなる事由である「正当防衛」「被害者の承諾」の部分です。
この部分の読み込みには、特に時間をかけるようにしてください。

第１節　犯罪の成立要件

Point

犯罪とは、構成要件に該当し、違法・有責な行為をいう。

犯罪が成立するには、どんな犯罪でも3つの要素が必要です。それが、**構成要件・違法性・責任という点**です。

構成要件というのは、条文に該当する行為をしているぐらいの理解でいいでしょう。

次に、違法性というのは悪いことを意味し、責任というのは、非難ができることを指します。

つまり、**「条文に該当する行為をしていて、なおかつ悪いことで、そして非難できる状態である」場合に、犯罪が成立する**のです。

これから、この構成要件・違法・有責を細かく見ていきます。

第2節 構成要件

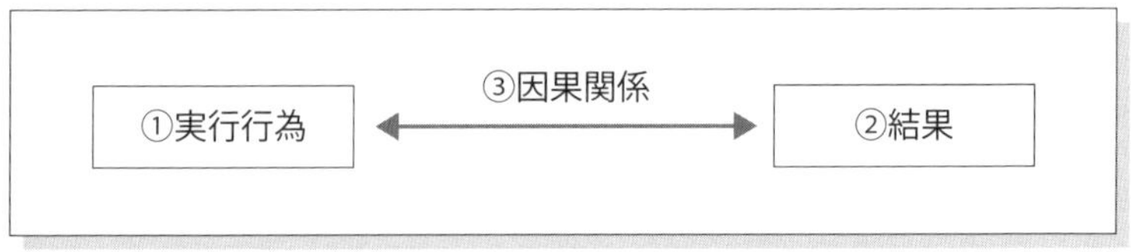

構成要件をクリアするためには、上記の３つの要素が必要になります。

「実行行為」これが、条文が規定している危険な行為と思ってください。殺人罪であれば、人を殺そうとする行為です。

「結果」という部分、例えば殺人罪であれば、人が死亡することがここに該当します。この**死亡という結果がなければ、犯罪は未遂として処理**されます。

「因果関係」、その行為があったから、結果があったんだという、原因結果の関係のことをいいます。この**因果関係がない場合は、未遂と処理されます。結果は起きているのに、未遂という扱い**です。

では、次の例１～３は、上の要件３つをクリアしているかを考えてみましょう。

例1　AがBに対してピストルで撃ったところ、Bに当たらなかった。

危険な行為はあったけど結果が起きていません。処理としては、未遂になります。

例2　AがBに対してピストルで撃ったところ、Bに当たらなかったが、隕石が落ちてきて、Bに当たり、Bが死亡した。

危険な行為をしていて、結果も起きています。ただし、Aがやったせいだとは言えないため、未遂という扱いです。危険な行為はしているので、未遂として処

罰する場合があります。

例3　Aが自分の部屋で「Bよ死ね」と叫んだところ、Bが死亡した。

人の命を奪うような危険な行為はありません。そのため、実行行為すらないので、犯罪は何にも成立しません。

この3つの要素の中で、一番難しいのが因果関係です。
例えば殺人であれば、「その人のせいで死亡した」のか、「死亡したのは、その人のせいではない」のかという点です。

Point

「行為」がなくても「結果」があった　→　因果関係なし
「行為」がなければ「結果」はなかった　→　因果関係あり

因果関係のありなしを判断するための、基本的な考え方を上記に掲載しました。
「その行為がなくても結果があった」つまり、「この結果が起きたのは、あなたのせいではない」場合は、因果関係はないと処理されます。

一方、「あなたがやらなければ、この結果は起きなかった」「この結果は、あなたのせいだ」という場合は、因果関係ありと処理されることが多いです。

例①　毒入り饅頭を食べさせたところ、その毒にあたって死んだ。

毒入り饅頭を食べさせるという行為がなければ、死亡という結果はありませんでした。つまり、死んだのはこの人のせいです。
これは、因果関係ありになるでしょう。

例②　毒入り饅頭を食べさせたところ、毒が効かなかった。その後、外出したところ車に轢かれて死んだ。

毒入り饅頭を食べさせても、食べさせなくても、死という結果は生じました。つまり、死んだのはこの人のせいとは言えません。

これは、因果関係なしになるでしょう。

以上が、基本的な考え方です。

ただ、試験対策としては、有名な判例の結論（因果関係ありなのか、因果関係なしなのか）を覚えて、それを当てはめることが必要です。

その中でも特に有名な判例を5つ掲載します。

状況をなんとなく理解して、そのうえで結論を言えるようにすれば十分でしょう。

事例	因果関係はあるか
(最決平2.11.20、大阪南港事件) XがYの頭部を殴打した結果、死因となる傷害を形成し、意識を失わせ港の資材置き場に放置したところ、何者かがYの頭部を角材で殴打し翌日Yが死亡した。	あり
(最決平18.3.27) XがYを自動車後部のトランク内に押し込み、脱出を不能にして走行し、停車後、別の自動車の運転手が過失により、時速約60キロメートルで追突して、トランク内のYが間もなく死亡した。	あり
(最決昭63.5.11) 柔道整復師Aは、医師免許はないものの、客の健康相談に応じて治療方法の指導を行っていたが、風邪の症状を訴えていたBに対し、水分や食事を控えて汗をかけなどと誤った治療方法を繰り返し指示したところ、これに忠実に従ったBは、病状を悪化させて死亡した。	あり
(最決平15.7.16) Aは、多数の仲間らと共に、長時間にわたり、激しく、かつ、執ようにBに暴行を加え、隙を見て逃げ出したBを追い掛けて捕まえようとしたところ、極度に畏怖していたBは、交通量の多い幹線道路を横切って逃げようとして、走ってきた自動車に衝突して死亡した。	あり
(最決昭42.10.24、米兵ひき逃げ事件) Xが自動車でYを撥ね、自動車の屋根に撥ね上げた状態で走行した後、助手席の同乗者Zが走行中にYを引きずり降ろし、Yが死亡した。	なし

米兵ひき逃げ事件（最決昭42.10.24）については、**「助手席の同乗者Zが走行中にYを引きずり降ろす」などという行為は予測できない**、という趣旨から因果関係が否定されています。

問題を解いて確認しよう

1	Aは、Bの頭部等を多数回殴打するなどの暴行を加えて脳出血等の傷害を負わせた上で、路上に放置したところ、その傷害によりBが死亡したが、Bの死亡前、たまたま通り掛かったCが路上に放置されていたBの頭部を軽く蹴ったことから、Bの死期が早められた。この場合において、Aの暴行とBの死亡の結果との間には、傷害致死罪の因果関係がない。〔25-24-エ〕	×
2	Aは、乗用車のトランク内にBを入れて監禁し、信号待ちのため路上で停車していたところ、後方から脇見をしながら運転してきたトラックに追突され、Bが死亡した。この場合において、Aの監禁行為とBの死亡の結果との間には、監禁致死罪の因果関係がある。〔25-24-ア（令4-24-オ）〕	○
3	柔道整復師Aは、医師免許はないものの、客の健康相談に応じて治療方法の指導を行っていたが、風邪の症状を訴えていたBに対し、水分や食事を控えて汗をかけなどと誤った治療方法を繰り返し指示したところ、これに忠実に従ったBは、病状を悪化させて死亡した。この場合において、Aの指示とBの死亡の結果との間には、業務上過失致死罪の因果関係がない。〔25-24-ウ〕	×
4	Aは、多数の仲間らと共に、長時間にわたり、激しく、かつ、執ようにBに暴行を加え、隙を見て逃げ出したBを追い掛けて捕まえようとしたところ、極度に畏怖していたBは、交通量の多い幹線道路を横切って逃げようとして、走ってきた自動車に衝突して死亡した。この場合において、Aの暴行とBの死亡の結果との間には、傷害致死罪の因果関係がある。〔25-24-オ（令4-24-イ）〕	○

×肢のヒトコト解説

1 因果関係を認めるのが判例です（最決平2.11.20）。

3 因果関係を認めるのが判例です（最決昭63.5.11）。

これで到達！ 合格ゾーン

□ Aは、Bに対し、胸ぐらをつかんで仰向けに倒した上、首を絞めつける暴行を加えた。Bには重篤な心臓疾患により心臓発作を起こしやすいという身体的な事情があり、Bは、Aから暴行を受けたショックにより心臓発作を起こして死亡した。Aは、Bの心臓疾患について知らず、Bの心臓疾患という特殊事情がなければBは死亡しなかったと認められた場合でも、Aの暴行とBの死亡との間には因果関係が認められる。〔令4-24-ア〕

★たまたま被害者の身体に高度の病変があったため、これとあいまって死亡の結果を生じた場合であっても、その暴行のせいで死亡した（因果関係がある）とするのが判例です（最判昭46.6.17）。

□ Aは、Bとけんかになり、金属バットでBの右足を殴打する暴行を加えて、Bに右大腿骨骨折の傷害を負わせた。Bは、自ら呼んだ救急車で病院に向けて搬送されたが、その途中、当該救急車が突如発生した竜巻によって空中に巻き上げられた上地面に落下したことによって、全身打撲により死亡した。AがBに負わせた傷害ではBは死亡しなかったと認められた一方で、BはAに傷害を負わせられなければ救急車で搬送されることも、竜巻が発生した場所に赴くこともなかったであろうと認められた。この場合、Aの暴行とBの死亡との間には因果関係は認められない。〔令4-24-エ〕

★たとえば、ナイフで刺した後に交通事故（介在事情といいます）があったことによって死亡した場合、介在事情の結果への寄与度を考慮し、介在事情の結果への寄与度が大きい場合には（ナイフは軽傷だったのに、交通事故で死んだ）、因果関係は否定されます。上記の事例において、傷害を負ったBを搬送中の救急車が、突如発生した竜巻によって空中に巻き上げられ地面に落下したという介在事情により、Bは全身打撲で死亡していますが、これは介在事情の結果への寄与度が大きいため、危険の現実化は否定されることになります。

第3節 違法性

(1) はじめに

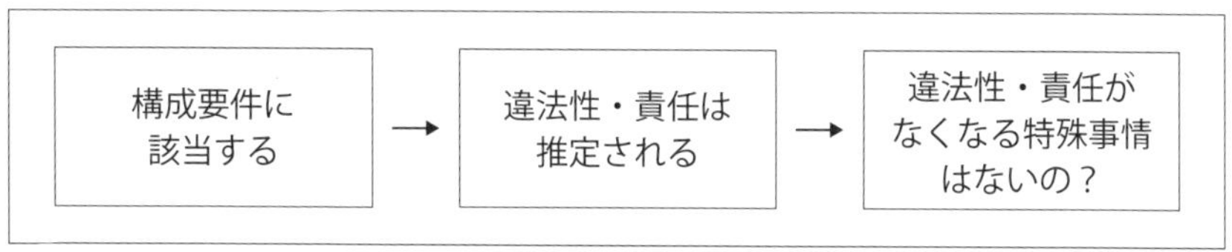

構成要件を検討した後は、違法性・責任を検討することになります。

ただ、**構成要件に当たれば、それだけで、違法性・責任が推定される**と考えるのが通説です。

そのため、違法性・責任の段階で検討することは、**違法性や責任がなくなるような特殊事情がないか**という点になります。その代表的なものが、正当防衛です。

(2) 正当防衛と緊急避難

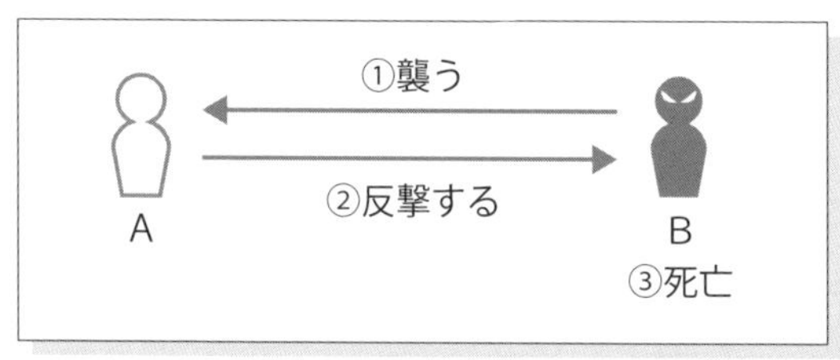

AがBから襲われました。Aは殺されると思って、Aが近くにあった石で殴りつけたところ、Bが死んでしまいました。

ここで、Aが行った②の行為だけ注目します。

Aがやったことは、殺人罪の構成要件に該当することです。ただ、**Aには正当防衛が成立するので、違法性がなくなります**。よって、殺人罪は成立しません。これが、正当防衛が成立した場合の処理です。

なぜ正当防衛では、違法性が阻却されるのでしょうか。

違法性というのは、悪い、ということでした。**自分の身を守るために反撃をする行為が悪いとは思えません。**

そのため、正当防衛が成立する場合には、違法性がなくなるのです。

これとよく比較されるのが、緊急避難という概念です。

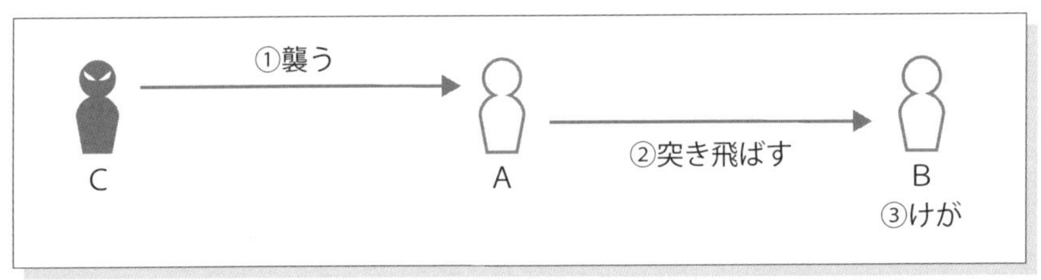

悪いＣにＡが襲われました。逃げようと思ったところ、前に人が出てきたため、Ａは、その方を突き飛ばしてしまったのです。ＡがＢを突き飛ばした結果、このＢはけがをしました。

上記の②は、傷害罪の構成要件に該当します。ただ、この行為について**緊急避難が成立すれば、違法性が阻却される**ので、傷害罪は成立しなくなります。

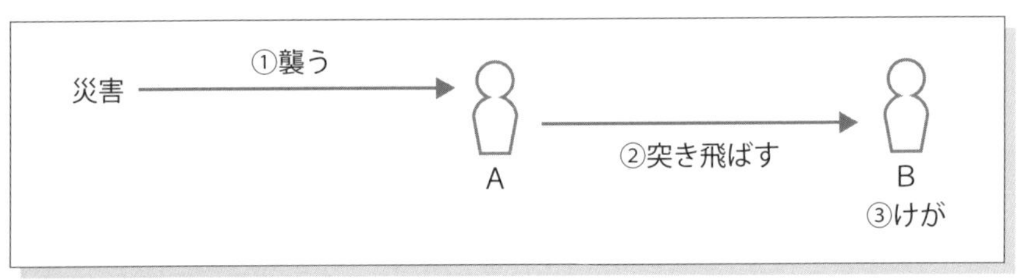

災害に巻き込まれたＡが逃げていたら、目の前にいたＢを突き飛ばしてけがをさせました。この場合も、**緊急避難の要件をクリアすれば、違法性が阻却され、**傷害罪は成立しません。

正当防衛と緊急避難の事例を紹介しましたが、この２つはどこで区別するのでしょう。

正当防衛と緊急避難
→　誰の法益を侵害しているかで区別をする

不正の人間の法益を侵害しても許される要件が、正当防衛、
一方、正の法益を侵害しても許される要件が緊急避難です。

どちらの方が、認められやすいでしょう。

これは、正当防衛です。**緊急避難は、正の人間にトバッチリを加えるので、認められるハードルが非常に高くなっています。**

ここでは、緊急避難のハードルが高い点を2点、紹介します。

覚えましょう

補充性の原則
避難行為がその危難を避けるための唯一の方法であって、他に手段がなかったこと

まず1つ目が、**他に手段がなかったかという要件**です。

先ほどの例では、Aが自分の身を守るためにBを突き飛ばしていますが、身を守る方法として、Bを突き飛ばす以外の方法があれば（近くに通路があったなど)、緊急避難は認められません。

Point

避難行為から生じた害（侵害法益）が、避けようとした害（保全法益）の程度を超えないこと

自分が守ろうとした法益と、侵害した法益を比べます。侵害した法益の方が少しでも重ければ、緊急避難は認められません。

この2つは緊急避難で出題されるというよりも、**正当防衛では、ここまで要求されない**点が出題されます。

ちなみに、違法性の出題のほとんどは正当防衛です。ここからは正当防衛を細かく見ていきます。

> **36条（正当防衛）**
> 1　急迫不正の侵害に対して、自己又は他人の権利を防衛するため、やむを得ずにした行為は、罰しない。

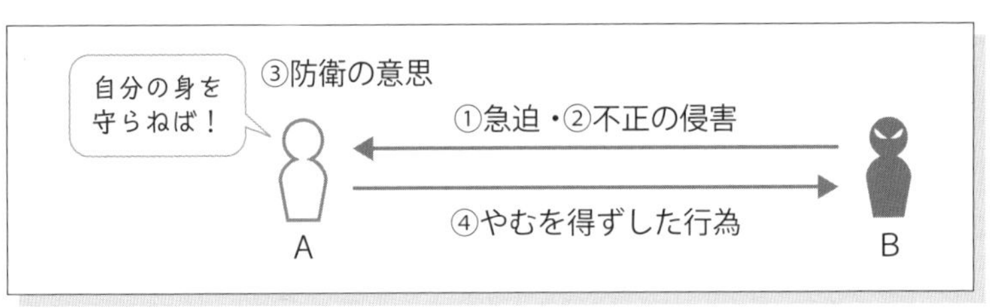

上の図には、正当防衛が成立するための要件が書かれています。この1つ1つの要件を、これから説明していきます。

Point

「急迫」とは、法益侵害の危険が切迫していることをいう
→　過去の侵害に対して後になって仕返しする行為は、急迫の侵害に対する反撃とはいえない。

急迫というのは、**今、法益侵害がされている、もしくは法益侵害がされそうだという状態**を指します。その状況下で、**自分の法益を守ろうとするのが、正当防衛**です。

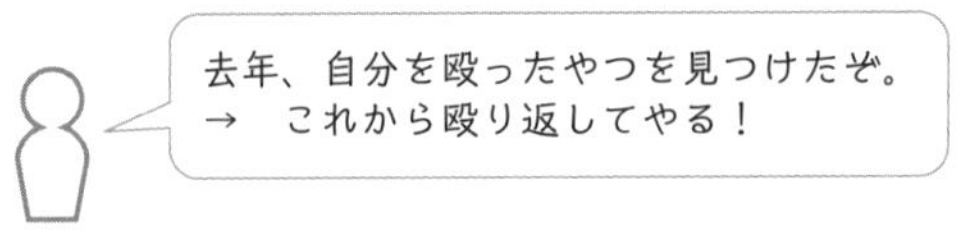

法益侵害をした相手を見つけたので、殴ってしまったという場合は、正当防衛にはなりません。**法益はすでに侵害されているため、法益を守るための正当防衛の場面ではない**からです。

◆侵害の予期と正当防衛◆

一般論	将来の侵害を予想して行った防衛行為であり、その効果が侵害の現実化した時に生ずるもの。 ex. 自宅周囲に高圧電線をはりめぐらせた場合	成立する
	侵害が当然又はほとんど確実に予期されている場合（最判昭52.7.21）。	成立する
修正	単に予期された侵害を避けなかっただけでなく、その機会を利用して積極的に加害行為をする意思で侵害に臨んだとき（最判昭52.7.21）。	成立しない

あいつ殴ってきそうだな…。

法益侵害が来そうだということを予期していただけなら、正当防衛は成立します。

侵害が予想できているのなら、侵害から逃げればいいのに、逃げずに反撃した者に正当防衛を成立させていいのか、と疑問がわくところです。

ただ、これで正当防衛が成立しないという結論にしてしまうと、
「殴ってきそうだ」と**勘が鋭い方には正当防衛が成立せず、**
「殴ってくるとは気づけない」勘が鈍い方には成立するという不均衡な結論が生じます。

そのため、**侵害の予期ができていても、それに対する正当防衛は成立する**というのが判例の立場です（侵害が当然又はほとんど確実に予期されている場合でも成立する、という判例があるぐらいです）。

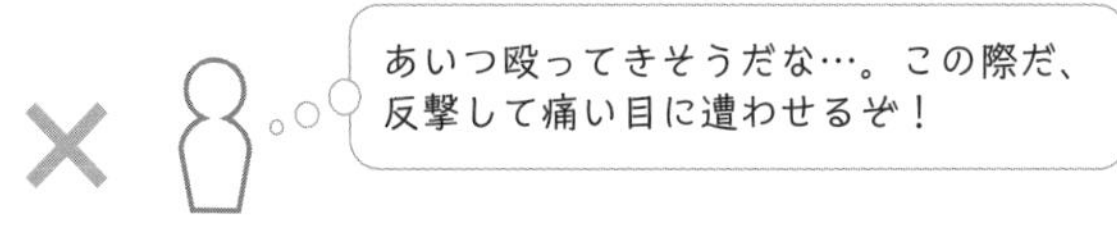

あいつ殴ってきそうだな…。この際だ、
反撃して痛い目に遭わせるぞ！

ただ、予期をするだけでなく、「この際だから痛めつけてやろう」、**ここまでの意思がある方に、正当防衛という恩恵を与える必要はありません。**

1	Ａは、散歩中、塀越しにＢ方の庭をのぞいたところ、前日に自宅から盗まれたＡ所有の自転車が置かれていたのを発見したため、直ちにＢ方の門扉の鍵を壊して立ち入り、自転車を自宅に持ち帰った。この場合において、ＡがＢ方の門扉の鍵を壊して立ち入り、自転車を持ち出した行為について、正当防衛が成立する。〔25-25-イ〕	×
2	正当防衛は、侵害が確実に予期されている場合には、侵害の急迫性が失われるから、成立しない。〔29-25-イ〕	×
3	正当防衛の要件である急迫の侵害とは、法益侵害の危険が切迫していることをいい、将来起こり得る侵害は、これには当たらないので、将来の侵害を予想してあらかじめ自宅周囲に高圧電線をはりめぐらせた場合、その後に侵入者がこれに触れて傷害を負ったとしても、正当防衛は成立しない。〔13-24-ア〕	×
4	Ａは、普段から仲の悪いＢと殴り合いのけんかになったが、Ｂは、「金属バットを取ってくるから、そこで待っていろ。」と言って、いったんその場を立ち去った。Ａは、ＢがＡを攻撃するため、金属バットを持って再びその場にやって来ることを予期し、この際、Ｂを痛めつけてやろうと考え、鉄パイプを準備して待っていた。すると、案の定、Ｂが金属バットを持って戻ってきて、Ａに殴りかかってきたので、Ａは、Ｂを鉄パイプで殴りつけた。この場合、侵害の急迫性が認められないので、ＡがＢを鉄パイプで殴りつけた行為には、正当防衛は成立しない。〔21-25-ウ（25-25-エ）〕	○
5	正当防衛の成立要件の一つとして、急迫不正の侵害に対する行為であったことが必要とされるが、この場合の侵害の急迫性は、ほとんど確実に侵害が予期されただけで直ちに失われるものではないが、その機会を利用して積極的に相手に対して加害行為をする意思で侵害に臨んだ場合には、失われる。〔18-27-イ〕	○

×肢のヒトコト解説

1　過去の侵害に対しては正当防衛は成立しません。

2,3　予期していても成立します。

覚えましょう

「不正」とは、違法であることをいう。

◆正当防衛の要件　不正◆

			正当防衛の成否
違法性阻却		正当防衛・緊急避難に対する防衛行為	成立しない
有責性		14歳未満のため責任能力を欠く者の攻撃に対する防衛行為	成立する
対物防衛	原則	動物による侵害に対する防衛行為	成立しない
	例外	動物が、その飼い主等の故意又は過失に基づく犯行の道具として利用されている場合（けしかけ、又は鎖のつなぎ忘れ等）	成立する

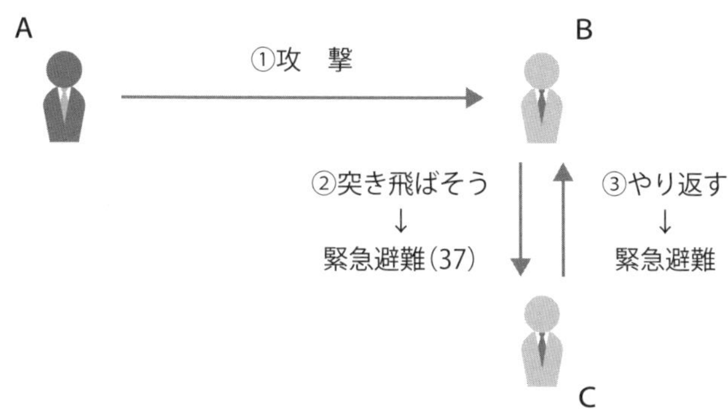

Aから襲われたBが、逃げようと思い目の前にいるCを突き飛ばそうとしました（緊急避難の要件をクリアしているとします）。

この緊急避難行為に反撃する行為には、正当防衛が成立しません。

緊急避難行為には違法性が阻却され、正と扱われます。そのため、正に対する攻撃なので、正当防衛にはならないのです。

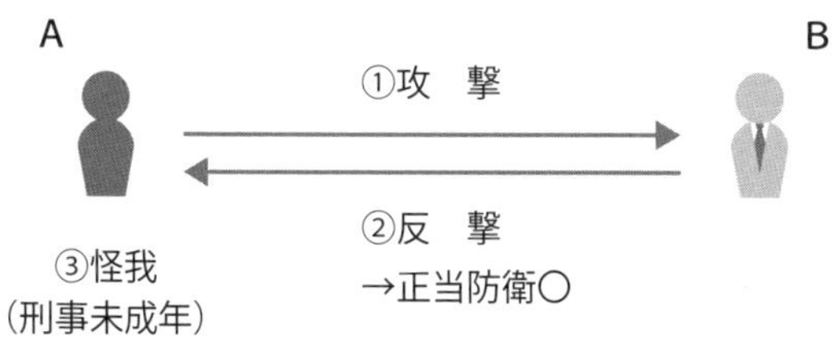

3歳児のAが刃物を振り回して、こちらに向かってきたので、彼をはたいてケガをさせてしまいました。

Aの行為には犯罪は成立しません（これは、後に学習する責任を満たさないためです）。

ただ、Aの行為に違法性があることには変わらないので、Aに対する反撃は正当防衛となります。

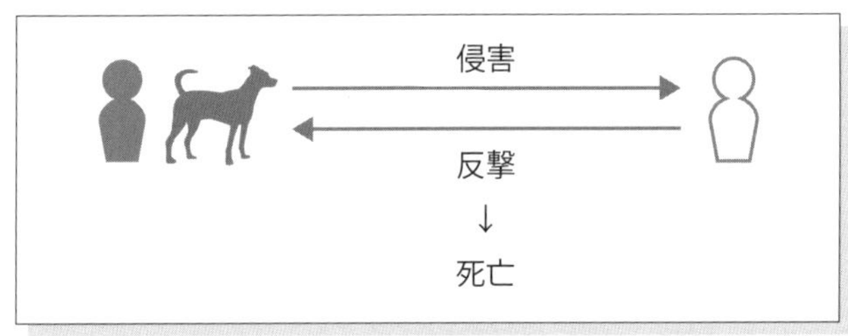

襲ってきた犬を殴ったところ、その犬は死亡しました。やった行為は、器物損壊罪に該当します。

では、この場合、正当防衛が成立して違法性が阻却されるのでしょうか。

これは、犬が正か不正かで分かれてきます。

人の行為でない、物による侵害は違法とはいえないため、これに対して正当防衛を行うことはできないと解される(通説)。
ただし、飼い犬が飼い主の故意又は過失により人を襲うような場合には、飼い主が道具を用いて侵害を行っているといえるので、飼い主に対する正当防衛とみて、犬に対する反撃も正当防衛といえる。

基本的には犬には正・不正はありません。ただ、次のような事情があれば、話は別です。

このように飼い主がけしかけたとか、飼い主の落ち度で鎖が外れていたので、飛びかかってしまったような場合は、もはや**犬が正・不正ではなく、飼い主が不正という扱いになります**。そのため、犬に対して反撃行為を加えた場合は、不正に対する反撃になるので、正当防衛は成立する可能性があります。

防衛の意思と攻撃の意思が併存する場合にも、防衛の意思は認められる(最判昭60.9.12)。

防衛に名を借りて侵害者に対し積極的に攻撃を加える意思（積極的加害意思）で侵害に臨んだときは、もっぱら攻撃の意思で反撃行為が行われたものであるから、防衛の意思が認められない(最判昭50.11.28)。

「防衛の意思」、これは「自分の身を守らねばいけない」といった意思を指します。正当防衛が成立するには、この要件が必須と考えるのが通説です。

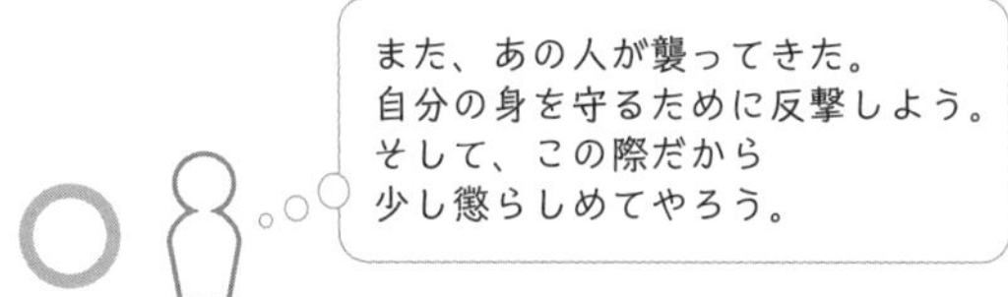

また、あの人が襲ってきた。
自分の身を守るために反撃しよう。
そして、この際だから
少し懲らしめてやろう。

このように、**防衛の意思に加えて、攻撃の意思まである場合でも、正当防衛は成立します**。

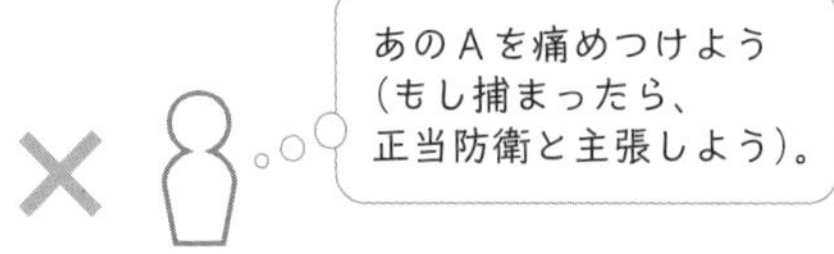

あのAを痛めつけよう
(もし捕まったら、
正当防衛と主張しよう)。

この場合、防衛の意思はなく、攻撃の意思しかありませんので、正当防衛は成立しません。

覚えましょう

やむを得ずにした

①防衛行為が侵害を排除するのに唯一の方法であることは要求されない。

②反撃行為によって生じた結果が、たまたま侵害されようとした法益より大きかったとしても、直ちに相当性に欠けるわけではない。

ここは、緊急避難と比較してください。

正当防衛では、「それしか方法がないんだ」という**唯一の方法という要件は要求されない**し、向こうの法益がたまたま大きかったとしても、正当防衛となり得ます（あまりにも法益の大きさに差があると過剰防衛という扱いになる可能性はありますが、**多少の法益の違いであれば、正当防衛となり得ます**）。

問題を解いて確認しよう

1	女性であるAは、人通りの少ない夜道を帰宅中、見知らぬ男性Bに絡まれ、腕を強い力でつかまれて暗い脇道に連れ込まれそうになったため、Bの手を振りほどきながら、両手でBの胸部を強く突いたところ、Bは、よろけて転倒し、縁石に頭を打って、全治１週間程度のけがを負った。この場合において、AがBを突いた行為について、正当防衛が成立する。〔25-25-ウ〕	○
2	正当防衛の成立要件の一つとして、やむを得ずにした行為であったことが必要とされるが、反撃行為が侵害に対する防衛手段として相当性を有するものであっても、当該行為により生じた結果が侵害されようとした法益より大であれば、やむを得ずにした行為とはいえず、正当防衛は認められない。〔18-27-オ〕	×
3	Aは、見ず知らずのBから因縁を付けられて、顔面をこぶしで数回殴りつけられた。そのため、Aは、Bの攻撃を防ぐため、Bの胸付近を両手で押したところ、たまたまBはバランスを崩して路上に転倒し、打ち所が悪かったため死亡した。この場合、Aの反撃行為によって生じた結果は、Bによって侵害されようとしていた法益よりも大きいので、AがBの胸付近を両手で押した行為には、正当防衛は成立しない。〔21-25-オ〕	×
4	正当防衛は、不正の侵害に対して許されるので、Aから不意にナイフで切り付けられたBが自己の生命身体を守るために手近にあったCの花びんをAに投げ付けた場合、その結果花びんを壊した点を含めて、自己の生命身体を防衛するためやむを得ずにした行為として、正当防衛が成立し得る。〔13-24-ウ（18-27-ウ）〕	×

×肢のヒトコト解説

2,3 相手の法益が大きくても、正当防衛は成立しえます。

4 花びんを壊した点は緊急避難になります。

◆正当防衛の要件◆

①急迫
②不正であること
③侵害又は侵害の危険
④自己又は他人の
⑤権利(生命、身体、自由、名誉、財産などの法益)
⑥防衛するため(防衛の意思)
⑦やむを得ずにした行為

正当防衛の問題は、上記の正当防衛の要件を当てはめる作業をして解くことになります。問題文の肢ごとに①②③④⑤⑥⑦をチェックしていくのです。

まだ触れていない要件を説明していきます。

⑤権利(生命、身体、自由、名誉、財産などの法益)

正当防衛は、法益を保護するための仕組みで、その法益は「自分の身体」だけでなく、「自分の財産」まで**広く認められています**。例えば、財布を盗まれそうになったので殴ってしまった場合を考えてください。

④自己又は他人の

その**守るべき法益は自分のものだけではありません**。

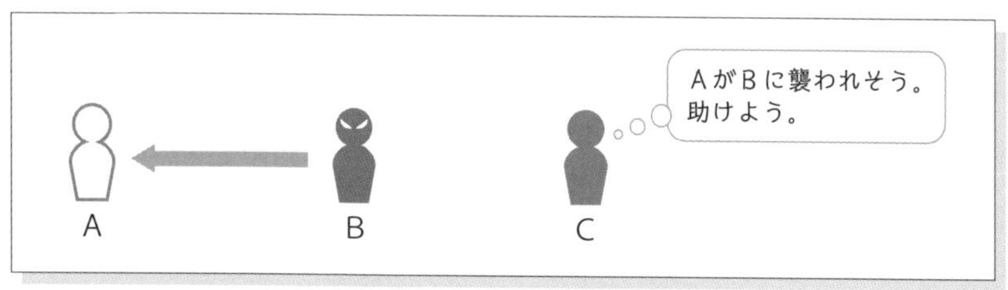

このように、Cにとって他人(A)の法益を守るために、Bに対して反撃する場合も正当防衛になります。

③侵害又は侵害の危険

これは、他人の権利に対し実害又は危険を与えることをいいます。これは直接問われる要件ではないのですが、次の論点に注意が必要です。

◆自招侵害◆

意義	挑発によりなされた侵害行為に対する対抗行為は正当防衛として認められるか。
原則	正当防衛は適用されない。
例外	今までの経過から断絶されたような侵害があった場合は成立する（最判昭32.1.22）。 ex.初めは素手で殴り合っていたが、一方が突然短刀で切りかかってきた場合

例えば、ケンカを想像してください。

自分からけしかけたケンカで、相手がけがをしたときに「自分の身を守るためにやったから、正当防衛にしてほしい」という主張はどう思いますか。

自分からやっておいて、それはないだろうと思いますね。

このように自分から招いた侵害に対して、やり返しても正当防衛にならないのが原則です。

ただし、下記のような事例では異なります。

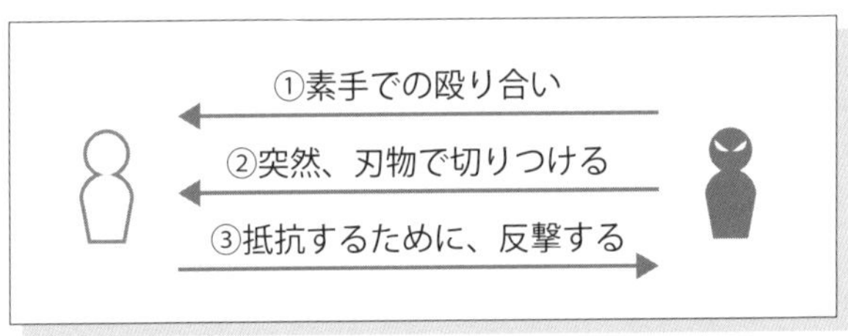

初めはケンカでしたが、その後、相手が刃物を取り出してきました。

この刃物の攻撃は、今までとは異なる新たな侵害と扱われ、これに対する反撃は正当防衛となり得るのです。

問題を解いて確認しよう

1	Bが背後からAを刃物で狙っているのを見つけたCがAを助けるためにBに組みついたのを見たAは、CがBに暴行を加えているものと勘違いして、Cを突き飛ばして転倒させた。この場合、正当防衛が成立する。〔8-24-4〕	×
2	正当防衛の成立要件の一つとして、急迫不正の侵害に対する行為であったことが必要とされるが、この場合の不正とは、違法性を有することを意味し、侵害者に有責性が認められる必要はない。〔18-27-ア〕	○
3	Aが道路を歩いていたところ、Bがその飼犬をAにけしかけたので、Aはこれを避けるためその犬を蹴飛ばしてけがをさせた。この場合、正当防衛も緊急避難も成立しない。〔8-24-1〕	×
4	Aは、知人のBと飲酒していたが、酒癖の悪いBは、Aに絡み出し、Aの顔面をこぶしで数回殴りつけ、更に殴りかかってきた。Aは、自分の身を守ろうと考えるとともに、Bの態度に憤激し、この際、Bを痛い目にあわせてやろうと考え、Bの頭髪を両手でつかんでBを床に引き倒した。この場合、AのBに対する積極的加害意思が認められるので、AがBの頭髪を両手でつかんでBを床に引き倒した行為には、正当防衛は成立しない。〔21-25-イ〕	×
5	Aは、見ず知らずのBと殴り合いのけんかになった。最初は互いに素手で殴り合っていたが、突然、Bが上着のポケットからナイフを取り出して切りつけてきたので、Aは、ナイフを避けながら、Bの顔面をこぶしで殴りつけた。この場合、Aは、けんかの当事者であるので、AがBの顔面をこぶしで殴りつけた行為には、正当防衛は成立しない。〔21-25-ア、29-25-オ〕	×

×肢のヒトコト解説

1　CのBに対する行為が正当防衛になるため、正当防衛という正への攻撃は正当防衛になりません。

3　飼い主がけしかけているので、飼い主の不正行為と扱われます。

4　防衛の意思に加えて、攻撃の意思までありますが、正当防衛が認められます。

5　初めはケンカで正当防衛は成立しないのですが、その後、ナイフで切り付けたことにより、新たな侵害が生まれているため、正当防衛が成立します。

(3) 被害者の承諾

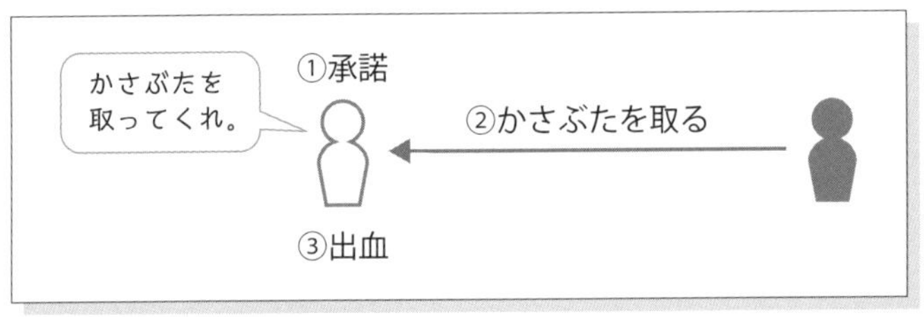

例えば、Aから自分では怖いからかさぶたを取ってくれと頼まれたので、Bが取ったところ、Aが出血をしました。

このBがやったことは、傷害罪の構成要件に該当しているように思えます。

ただ、この事例では、**違法性が阻却されて、傷害罪は成立しません。**

どういう論理なのでしょうか。

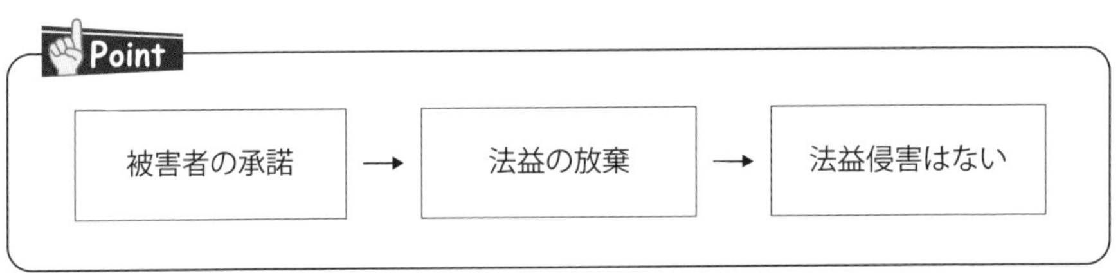

「かさぶたを取ってくれ」という行為、これが被害者が承諾したと扱われて、法益を放棄したことになります。そのため、**Bの行為によって法益を侵害したことにならないため、「悪いこと」とは評価されない**のです。そのため、被害者の承諾があれば、違法性が阻却されることになります。

◆被害者の承諾◆

承諾自体に関する要件	①承諾は被害者自身の処分し得る個人的法益についてされること ②承諾の意味を理解し得る者の自由かつ真意に基づく承諾であること ③承諾は行為時に存在すること →事後の同意は違法性を阻却しない(大判大12.3.13)。
承諾に基づく行為に関する要件	④承諾に基づく行為が社会的相当性を有すること

承諾によって違法性が阻却されるには、いくつか要件が要求されます。これを

1つ1つ説明してきます。

①承諾は被害者自身の処分し得る個人的法益についてされること

自分の法益であれば、捨てることができます。他人の法益だとか、国の法益だとか、社会の法益というのは捨てることはできません。

例えば、「日本に内乱してもいいよ」とある方が承諾しても、違法性は阻却されません。

②承諾の意味を理解し得る者の自由かつ真意に基づく承諾であること

◆ 承諾できるか ◆

a　幼児の同意	×
b　精神病者の同意	×
c　強制による同意	×
d　たわむれにした同意	×
e　強盗犯人の「今晩は」に対して家人の「お入り」	×

上記のａｂは、承諾する能力が認められません。

また、ｃｄは、本当に承諾する気持ちがあるのかを読み取れないため、承諾は無効になります。

またｅというのは、次のような例です。

→　強盗

→　住居侵入罪の違法性は阻却されない

知り合いが近くを通ってきたので、「寒いからお入り」といったところ、その人は、強盗するつもりでした。この後、家に入った方は強盗を起こしました。

この強盗犯には、強盗罪だけなく住居侵入罪が成立するのでしょうか。

確かに「お入り」と承諾しているかもしれません。ただ、「強盗するなら入っていいよ」というつもりで承諾しているはずはありません。そのため、**この承諾には錯誤があったので、違法性は阻却されない**とするのが判例です。

③承諾は行為時に存在すること
→　事後の同意は違法性を阻却しない（大判大12.3.13）。

家から、物を
盗んだのですか…。
もういいですよ。
すでに窃盗終了
持ち主
→　違法性は阻却されない

例えば、他人の家からモノを取った後、その人にばったり会って、「盗んだのか。もうそれはそれでいいよ」とＯＫをもらいました。

この場合、被害者の承諾は成立しません（つまり、**窃盗罪は成立します**）。

盗んだという時点で、法益侵害が生じています。**そのため、もはや法益を放棄することができない**のです。

④承諾に基づく行為が社会的相当性を有すること

いくら被害者が「やってもいいよ」と承諾しても、それによって行われた行為が「あまりにもモラルに反する」場合には、違法性は阻却されません。

モラル違反だと扱われた判例が２つあります。

被害者の承諾があったとしても、被告人の行為は、公序良俗に反するとしかいいようのない指つめにかかわるものであり、その方法も…全く野蛮で残虐な方法であり、このような態様の行為が社会的に相当な行為として違法性が失われると解することはできない（仙台地石巻支判昭62.2.18）。

過失による自動車衝突事故であるかのように装い保険金を騙取する目的をもって、被害者の承諾を得てその者に故意に自己の運転する自動車を衝突させて傷害を負わせた場合には、右承諾は、保険金を騙取するという違法な目的に利用するために得られた違法なものであって、これによって当該傷害行為の違法性を阻却するものではない（最決昭55.11.13）。

上がいわゆる「反社会的勢力の方の指つめ」で、下が「保険金詐欺」です。いくら被害者が「指を切っていい」とか「自分を車ではねてくれ」という承諾があっても、これは許されないでしょう。

問題を解いて確認しよう

1	窃盗の目的で他人の家に入ろうとしたところ、家人が来客であると誤信して招き入れたので、その中に入った場合、住居侵入罪は成立しない。〔57-28-3（5-23-オ、18-25-エ）〕	×
2	けじめをつけると称し、暴力団組員が同じく暴力団組員である知人の承諾を得た上、当該知人の小指の第一関節を包丁で切断した場合には、傷害罪は成立しない。〔24-25-イ〕	×
3	Ａは、交通事故を装って保険金をだまし取るために傷害を負わせてほしいとのＢからの依頼に応じ、自ら運転する自動車をＢに衝突させて傷害を負わせた。この場合、あらかじめ被害者であるＢの承諾があっても、Ａには、傷害罪が成立する。〔22-26-イ〕	○
4	Ａは、Ｂ宅において現金を盗み、Ｂ宅を出たところでＢと出会い、Ｂに説諭されて盗んだ現金をＢに返そうとしたが、Ａを哀れんだＢから「その金はやる。」と言われ、そのまま現金を持って立ち去った。この場合、Ａには、窃盗罪が成立する。〔18-25-オ〕	○
5	Ａは、Ｂ宅に強盗に入ろうと考えて、Ｂ宅に赴き、Ｂに対して、強盗の意図を隠して、「今晩は」と挨拶をしたところ、ＢがＡに対して「おはいり」と答えたので、これに応じてＢ宅に入った。この場合、Ａには、住居侵入罪が成立する。〔29-24-ウ〕	○

×肢のヒトコト解説

1　承諾に誤解があるため、承諾によって違法性は阻却されません。

2　モラル違反になるので、承諾によって違法性は阻却されません。

2周目はここまで押さえよう

（2週目はここまで押さえよう、のコーナーは「あとあと学ぶことが前提知識として必要」「少々細かいので、後から入れた方が効率的」という知識を入れています。この科目のテキストをすべて通読して、専門用語等が頭に残り始めてきてからお読みください。）

犯罪の分類	具体例	同意があった場合の影響
国家的法益 社会的法益 に対する罪	現住建造物放火罪（108）	他人所有非現住建造物放火罪又は、自己所有非現住建造物放火罪
	封印破棄罪（96）	影響なし
	虚偽告訴罪（172）	影響なし
個人的法益 に対する罪	殺人罪（199）	嘱託・承諾殺人罪（202）
	16歳未満の者に対する不同意わいせつ罪（176）、16歳未満の者に対する不同意性交等罪（177）	影響なし

「承諾があれば、犯罪が成立しない」とは限りません。
例えば、国家的法益・社会的法益については、個人が法益を放棄できないので、個人が承諾しても、犯罪は成立します。

この論点で、一番出題されるのが放火罪です。放火罪は、個人の法益より、「みんなが迷惑する」という社会的法益を主としているため、承諾があっても犯罪は成立するのです。

ただ、現住建造物放火罪が成立するのではなく、
居住者が承諾した場合　→　他人所有非現住建造物放火罪
居住者と所有者が承諾した場合　→　自己所有非現住建造物放火罪
と犯罪名が変わることになります。

個人的法益について、自分の法益を放棄している場合でも、
「自分を殺していいよ」という殺人の承諾をした場合には、殺人罪不成立ではなく、承諾殺人罪という別の犯罪になります（承諾があったとしても、人の死に関与したことは罰します）。

また、不同意わいせつ・不同意性交等の罪については、16歳未満には承諾する能力がないと考えられています（性的知識に乏しいため、承諾する能力がないと考えてください）。

そのため、16歳未満が承諾しても、犯罪は成立することになります。

1	放火罪は、個人の財産を主要な保護法益とするものであるから、被害者の承諾があれば、常に犯罪は成立しない。〔5-23-エ（18-25-ア）〕	×
2	犯罪の被害者でない者が虚偽の被害事実を内容として告訴をした場合には、被告訴人がその事実により告訴されることを承諾していたとしても、虚偽告訴罪が成立する。〔59-24-4（5-23-イ）〕	○
3	12歳の少女にわいせつ行為を行った場合には、当該少女の真摯な承諾があれば、不同意わいせつ罪は成立しない。〔24-25-エ〕	×
4	４歳のＢの母親であるＡは、Ｂと一緒に心中しようとして、Ｂに対し、「おかあさんと一緒に死のう。」と言って、Ｂの同意を得てＢを殺害した。この場合、Ａには、同意殺人罪ではなく殺人罪が成立する。〔18-25-イ〕	○

第4節 責任

(1) 責任の意義

①責任能力があること
②故意があること

犯罪が成立するには、**「なんでこんな犯罪をやったんだ」と非難できる状態が必要**です。これが責任と呼ばれる要素です。

この責任が成立するには、「能力と故意」という２つの要素が必要とされています。

39条（心神喪失及び心神耗弱）
1　心神喪失者の行為は、罰しない。
2　心神耗弱者の行為は、その刑を減軽する。

自分が何をやっているか分からない（精神的な疾患がある）方が犯罪をしても、「なんでそんなことをしたんだ」と非難できません。

このように精神的な能力がない方や、能力が劣っている方には、非難できないため、そういった方は責任がなくなったり、刑が軽くなったりします。

まず、能力から説明します。

刑法における責任能力は、次の２つの能力からできています。

・事理弁識能力（物事の良し悪しが分かる能力）
・行動制御能力（もしそれが悪いことであれば、それを止められる能力）

責任能力が存在しない状態を責任無能力といい、責任能力が著しく減退している場合を限定責任能力といいます。

◆責任能力◆

	心神喪失者	心神耗弱者	刑事未成年者
意義	精神の障害により、是非弁別能力又は行動制御能力が**ない**者	精神の障害により、是非弁別能力又は行動制御能力が**著しく低い**者	**14歳未満**の者
責任能力	責任無能力者	限定責任能力者	責任無能力者
処置	**犯罪不成立**（責任阻却）(39 Ⅰ)	刑の**必要的**減軽（39 Ⅱ）	**犯罪不成立**（責任阻却）(41)

心神喪失および心神耗弱の例としては、精神障害や知的障害・発達障害などの病的疾患、覚醒剤の使用によるもの、飲酒による酩酊などが挙げられます。

心神喪失とは、事理弁識能力**又は**行動制御能力の**欠いている状態**のことをいいます。**この２つのどちらかがない者に対しては、行為を非難することが出来ず、刑罰を科す意味に欠ける**とされています。

もし、刑事裁判で心神喪失が認定されると、責任がないため、無罪の判決が下ります。

心神耗弱とは、事理弁識能力又は行動制御能力**が著しく減退している状態**のことをいいます。

能力があってもその程度が低い状態が、心神耗弱です。

この場合は、責任能力があるので犯罪は成立しますが、裁判では刑が必ず減軽されます（**必要的減軽**）。裁判所が裁量を使って減軽しないことを選択することはできません。

刑法41条には、「14歳に満たない者の行為は、罰しない」と規定されています。**14歳未満の者は、刑事未成年者と呼ばれ、責任無能力者とされています。**

精神状態の発達は、身体の成熟とともに生じるので、幼少の者に責任能力を認めるのが難しいことからの規定です（ただ、精神状態の発達には個人差がありますが、各人について判定することは大変なので、**一律に14歳を刑事責任年齢と定めています**）。

ちなみに、14歳以上の者であれば心神喪失でない限り責任能力が認められます。

仮に**その者の知的能力が14歳に満たない者と同程度であるからといっても、責任能力が否定されることにはなりません。**

問題を解いて確認しよう

1	刑法第39条第1項の「心神喪失」とは、精神の障害により事物の理非善悪を弁識する能力と、この弁識に従って行動する能力のいずれもがない状態をいい、同条第2項の「心神耗弱」とは、これらの能力のうち、一方がない状態をいう。〔令2-24-ア〕	×
2	心神耗弱者は、是非善悪を弁別する能力はあっても、その弁別に従って行動する能力がないため、その行為については刑を減軽するものとされている。〔オリジナル〕	×
3	満14歳以上の者であっても、実際の知的能力が14歳未満である場合には、刑法第41条が適用され、責任無能力者として不処罰となる。〔令2-24-イ〕	×

ヒトコト解説

1,2　是非弁別能力又はその弁別に従って行動する能力の、どちらか一方がなければ心神喪失になります。

3　14歳に達していれば、責任能力が認められます。

38条（故意）
1　罪を犯す意思がない行為は、罰しない。ただし、法律に特別の規定がある場合は、この限りでない。

この**罪を犯す意思というのは、故意を指しています**。

刑法は、**故意がなければ処罰をしないのが原則**です（ただ、例外的に、重大な犯罪については、過失のレベルでも処罰するというものがあります。例えば、人を殺すことについては、故意があれば199条の殺人罪、過失となった場合は210条の過失致死罪と規定して、過失でも処罰することをルール化しています）。

原則は、故意がなければ処罰されないため、故意があるかないかの判断は非常に重要です。

では何をもって、故意があるというのでしょうか。それは次の2つの要素が必要だとされています。

Point

故意があること

①犯罪事実の認識があること

②犯罪事実の意欲or認容があること

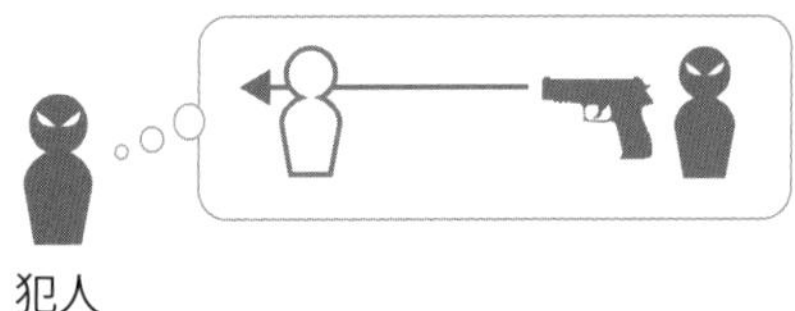

上記は、「犯人が、自分がやろうとすることを頭に浮かべている」状況のイメージ図です。この状態が「犯罪事実の認識がある」状態になります。

この人は**自分がやろうとしていることが分かっていて、それでもあえてその行為に踏み切った**ので、その人を非難できるのです。

「Aは知人Bから開発中の化粧品が入っているという腹巻きを受け取っているが、その中身が覚醒剤か、他の身体に有害で違法な薬物かもしれないと思いながら日本国内に持ち込んだ」 →　覚醒剤輸入罪、同所持罪の故意が認められる（最決平2.2.9）

上記のAは、「何の薬かは分からないが」「自分は違法な薬物を持ち込むぞ」という意識（犯罪をしようとする意識）は芽生えています。

そのため、犯罪事実の認識があったと評価され、故意が認められました。

ただ、故意があるというためには、上記に加えて、**その内容をやりたいという意欲、もしくはそうなっても構わないという認識が必要**です。

具体例で考えましょう。ここでは、車の運転で人をはねた場合に、故意があるかどうかを、3つの事例でみましょう。

Aが、歩行中のBを自動車で轢いてしまえば、Bを殺すことができると考えていた場合	故意あり

この人は自分がやろうとしていることを頭に浮かべています。そして、それをしたいと考えているため、故意が成立します。

Aが自動車を運転していて、歩行者Bのそばをすり抜けようとした際、歩行者の存在自体に気が付いていなかった場合	故意なし

歩行者の存在に気付いていません。つまり、自分は人をはねてしまうかもしれないという犯罪事実を頭で浮かべていないので、故意は成立しません。

Aが自動車を運転していて、歩行者Bのそばをすり抜けようとした際「うまくすり抜ければそれに越したことはないが、もし轢き殺しても構わない」と考えていた場合	故意あり

犯罪事実は頭で浮かべていて、そのうえで「結果が生じても構わない」という心理状態になっています。このレベルで故意があると認定されます。

このように故意というのは、「そのようにしたい」という意欲があるときだけでなく、**「そうなっても構わない」という状況でも成立します**（これを未必の故意といいます）。

問題を解いて確認しよう

1	Aは、覚醒剤を所持していたが、これについて、覚醒剤であるとは知らなかったものの、覚醒剤などの身体に有害で違法な薬物かもしれないが、それでも構わないと考えていた。この場合、Aには、覚醒剤所持罪の故意が認められる。〔令3-24-ウ〕	○

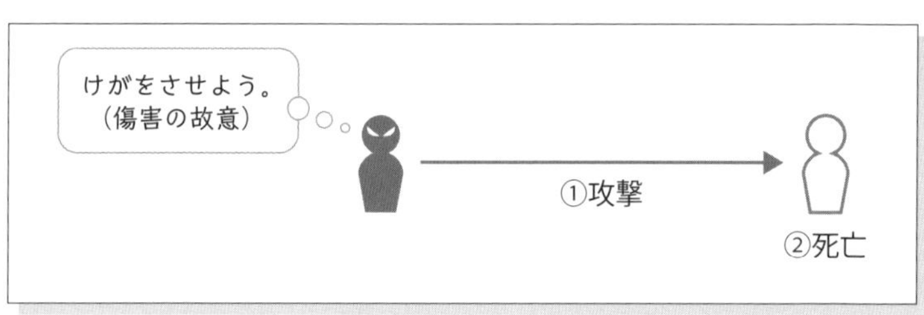

けがをさせようと思って、攻撃を加えたところ、相手が死んでしまいました。

この人は、攻撃を加えるときに「死亡するかもしれない」ということを想像していません。

死亡する点に故意がないので、殺人罪は認められません。

204条（傷害）
人の身体を傷害した者は、15年以下の懲役又は50万円以下の罰金に処する。

205条（傷害致死）
身体を傷害し、よって人を死亡させた者は、3年以上の有期懲役に処する。

けがをさせただけなら傷害罪になりますが、その結果、死んでしまった場合は、傷害致死罪という別の犯罪になります。

ここのポイントは、「死の結果が起きるとは、この人は思っていない」ことです。

死という結果を認識していない、つまり、**「犯罪事実の認識がないのに成立する」、こういう犯罪類型を結果的加重犯と呼びます**。

ここでは、この結果的加重犯になる犯罪類型を紹介します。

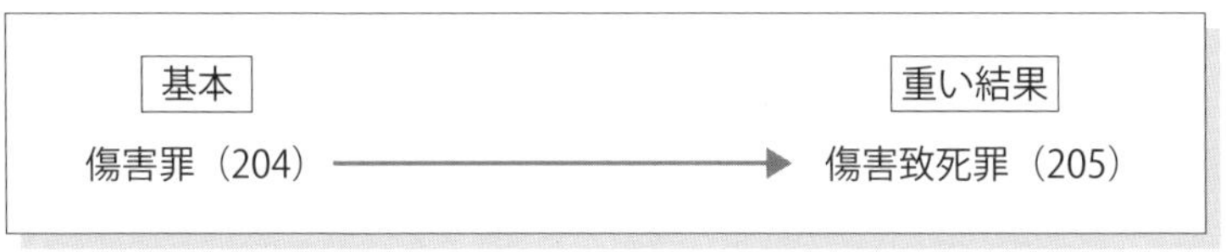

傷害罪は、けがをさせる故意だけあった場合の犯罪です。ここで、死亡させてしまった場合には、傷害致死罪という扱いになります。

暴行罪は、暴力を使うけど、けがをさせるつもりがなかったという場合の犯罪です。ここで、けがをさせた場合には、傷害罪という扱いになります。

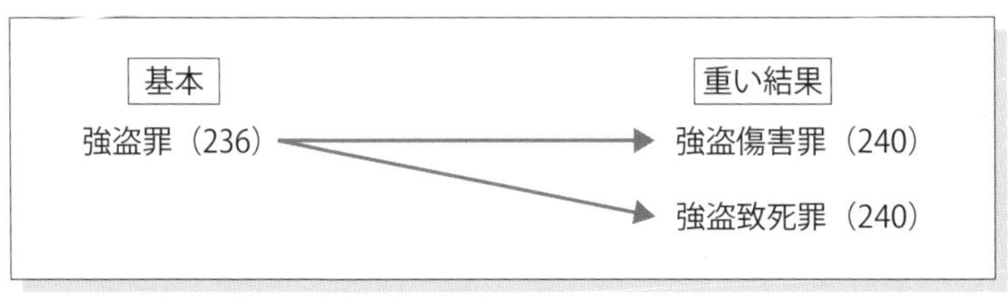

強盗罪は、暴力を使って物を取る犯罪です。ここで、けがをさせたり、死亡させてしまえば、強盗傷害罪、強盗致死罪になります。

結果的加重犯の出題のポイント
「重い結果が起きるとは思わなかった」としても、犯罪が成立する

例えば、暴力を加えた人が、その人を殺してしまった場合に、「自分には殺すつもりはなかったんだ」という言い訳をしても、傷害致死罪は成立します。

結果的加重犯を出題するときは、こういった**「重い結果の認識がなくても成立する」という点をついてきます。**

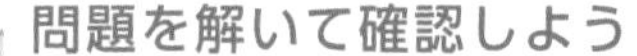

問題を解いて確認しよう

1	Aは、酒場で口論となったBの顔面を拳で殴り、その結果、Bが転倒して床で頭を強く打ち、脳挫傷により死亡したが、Aは、Bを殴った際、Bが死亡するとは認識も予見もしていなかった。この場合、Aには、傷害致死罪が成立する。〔27-24-エ〕	○
2	いわゆる結果的加重犯である不同意わいせつ致死傷罪の成立には、基本犯（不同意わいせつ）と結果（致死傷）との間に因果関係が認められれば足り、結果の発生について予見可能性がない場合であっても、不同意わいせつ致死傷罪は成立する。〔令2-24-オ〕	○

これで到達！  **合格ゾーン**

□ Aは、勤務する会社で担当した会計処理の誤りを取り繕うため、取引先であるB名義の領収証を偽造したが、その際、領収証は私文書偽造罪における「文書」には当たらないと思っていた。この場合、Aには、私文書偽造罪は成立する。〔平27-24-ウ〕

★人を殺す意思はあっても、「殺人は違法ではない」と思い込んでいるような場合が、違法性の錯誤と呼ばれる論点です。判例は、故意の要件としては犯罪事実の認識があれば足り、違法性の意識は必要ないとしています（最判昭25.11.28）。

□ 刑法上の「公務員」に該当する非常勤の公務員について、当該公務員に対する贈賄罪は成立しないものと合理的な根拠なく独自に解釈をして、当該公務員に対して賄賂を供与したときは、自己の行為が犯罪に当たる認識がないが、故意は阻却されず、贈賄罪が成立する。〔令2-24-ウ〕

★法律を知っているのですが、その解釈を誤解した結果、「犯罪は知っているけど、自分の行為はそれにあたらない」と誤信した場合をあてはめの錯誤といいます。何らの根拠もないまま、自分勝手な解釈を行った場合、故意は阻却されません（これがまかり通れば、犯罪者は皆「自分は正しい」と言いかねないでしょう）。

□ Aは、住居侵入罪の構成要件に該当する行為について、当該行為が同罪の構成要件に該当するかを弁護士に尋ねたところ、当該弁護士が法律の解釈を誤って当該行為は同罪の構成要件には該当しない旨の回答をしたことから、同罪は成立しないと誤解して実際に当該行為に及んだ。この場合、違法性の意識の可能性は肯定される。〔令3-24-エ〕

★私人の見解を信頼して行動した場合、それが仮に弁護士などの法律専門家であったとしても、犯罪は成立します。私人の意見を信頼して行為した場合は犯罪ではないとすると、法の運用・執行が私人の意見によって左右されることになります（私人ごとに見解が異なれば、法律の運用は混乱することになるでしょう）（大判昭9.9.28参照）。

(2) 錯誤

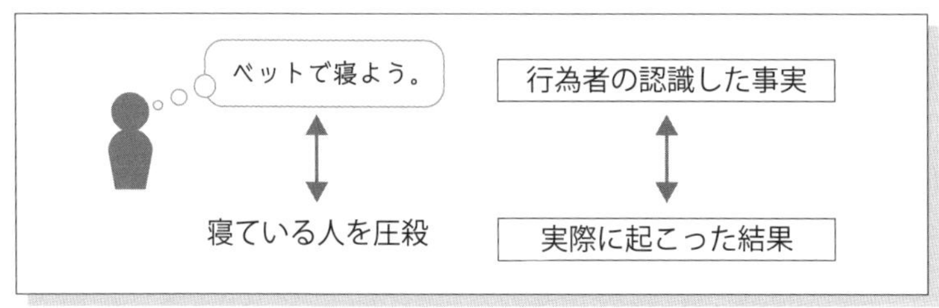

ある方がベッドで寝ようと思って、ベットに飛び込みました。実はそのベットの中に人がいて、結局、ボディープレスで圧殺しました。

この方に「殺すつもりだったの？」と聞いたら、「殺すつもりはなかったんだ」と答えるでしょう。

故意というのは、犯罪事実の認識をした上で、認容もしくは欲することです。この方は、殺人するという犯罪事実を思い浮かべていないため、故意が認められません。

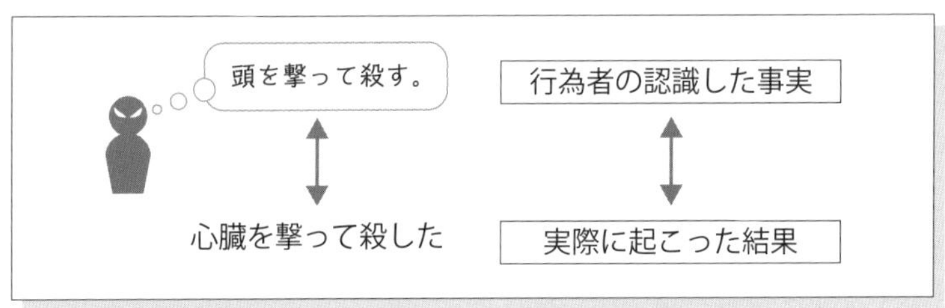

ピストルで人を殺そうと思って撃ったところ、狙った頭には当たらず心臓を撃って殺しました。この人には殺す故意があったでしょうか。

これはありますよね。

ここで述べる錯誤というテーマは、**「自分が頭で思ったことと、実際に起きたことが違う」→「その場合でも故意といえるのか」**という話です。

ここでは、次のような基準を使います。

覚えましょう

法定的符合説

行為者の認識した事実 実際に生じた事実	同一の構成要件で重なっている → 故意あり

頭で思ったことと、実際に起きた事実の完全一致は要求されていません。**犯罪類型が一致することが要求**されています。

「頭を撃って殺そうと思ったところ、心臓を撃って殺した」事例では、頭で思い浮かべていた犯罪類型は殺人罪、実際に起きた犯罪類型も殺人罪です。犯罪類型が一致しているので、故意があると処理されます。

では、この基準を使って事例を処理していきましょう。

Aを殺そうとしたところ、誤ってBを殺した
→　殺人罪の故意あり

頭で思っていた犯罪類型は殺人、実際に起きたことも殺人です。そのため、殺人の故意は認められます。

人を殺そうとしたところ、誤ってその飼い犬を殺した
→　器物損壊罪の故意なし

頭で思っていた犯罪類型は殺人、実際に起きた結果は、器物損壊罪という犯罪類型です。犯罪類型が違うので、起きた器物損壊罪について、故意とは言えません。

落し物をくすねたつもりだったが、Aの占有下にあった物を盗んでいた
→　遺失物横領罪の故意あり

人の占有にあるものを取るのは窃盗罪、占有がないものを取る、落し物を取るのは遺失物横領罪という犯罪になります。

この事件ですが、犯人は落し物を拾ったという認識だったのですが、実は所有者がすぐ近くにいたため、所有者の占有が認められる状況でした。

頭で思ったことは遺失物横領罪、実際起きた犯罪類型は窃盗罪、犯罪類型が違います。ただ、この2つの犯罪は人の物を取るという点では共通します。

犯罪類型が違っても、似ている点があれば、処理は変わります。

覚えましょう

構成要件が異なる場合
重なり合う程度で、「軽い」罪についての故意を認めることもある
例）窃盗と遺失物横領罪　→　遺失物横領罪の故意あり
　　窃盗と強盗　　　　　→　窃盗の故意あり

このように、**犯罪類型が違っていても、似ている点があれば「軽い罪」が成立します。**

先ほどの事例では、窃盗罪と遺失物横領罪のうち、遺失物横領罪が成立します。

「似ている点があれば、軽い方が成立する」という処理は他にもありますが、まずはこの2つを押さえましょう。

問題を解いて確認しよう

1	Aを殺害する意思であったが、BをAと見誤り、殺意をもって、Bに向けてけん銃を発砲し、Bを死に至らしめたときは、Bに対する過失致死罪が成立する。〔7-26-1〕	×
2	Aを殺害する意思で、Aに向けてけん銃を発砲したが、手元が狂ってAには当たらず、近くにいたBに命中させ、Bを死に至らしめたときは、Bに対する殺人罪が成立する。〔7-26-3（61-25-1）〕	○
3	Aを殺害する意思で、Aに向けてけん銃を発砲したが、手元が狂ってAには当たらず、近くにあったA所有の人形に命中させ、人形を損壊したときは、人形についての器物損壊罪が成立する。〔7-26-4〕	×
4	Aは、公園のベンチに座っているBの隣に置かれてあったかばんをBに気付かれないように奪った際、かばんをBの物だと思っていたが、実はCが前日そこに置き忘れたものであった。この場合、Aには遺失物等横領罪が成立する。〔オリジナル〕	○
5	Aは、Bを殺害する意図で、B及びその同居の家族が利用するポットであることを知りながら、これに毒物を投入したところ、B並びにその同居の家族であるC及びDがそのポットに入った湯を飲み、それぞれその毒物が原因で死亡した。この場合、Bの同居の家族がC及びDの2 名であることをAが知らなかったとしても、Aには、B、C及びDに対する殺人罪の故意が認められる。〔令3-24-ア〕	○

×肢のヒトコト解説

1 行為者の認識した事実および実際に生じた事実は、殺人罪という同じ犯罪類型なので故意は阻却されません。

3 実際に生じた事実の器物損壊のついての認識がないので、器物損壊罪の故意が認められません。

2周目はここまで押さえよう

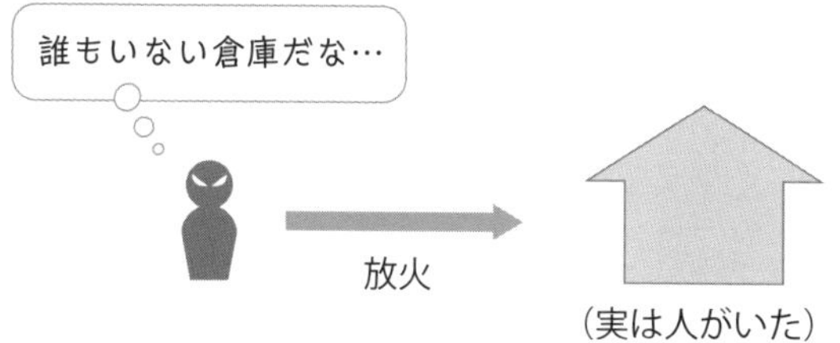

犯人は、誰もいない倉庫を燃やそうとしています。非現住建造物放火罪の認識がありました。ただ、実際には中に人がいたため、現住建造物放火罪になっています。

頭で考えたことと、実際に起きたことが異なります。
かつ、構成要件が異なっています。

ただ、非現住建造物放火罪と現住建造物放火罪は「人の家を燃やす」という点では共通するので、軽い方である非現住建造物放火罪が成立します。

1	Aは、深夜、1階が空き部屋で、2階にBが一人で住んでいる二階建て木造家屋に放火して全焼させた。火をつける前に、Aが1階の窓から室内をのぞいたところ、誰も住んでいる様子がなく、2階にも灯りがついていなかったことから、Aは、この建物は空き家だと思っていた。この場合、Aには、現住建造物等放火罪は成立しない。〔23-24-ウ〕	○
2	知人が所有する木造倉庫に人がいないものと考え、当該木造倉庫を燃やす目的で、当該木造倉庫にあった段ボールの束に火を付けたところ、たまたま当該木造倉庫の中で寝ていた浮浪者がその木造柱に燃え移った火を発見して消火したため、当該木造柱が焼損した場合には、非現住建造物等放火罪の既遂罪が成立する。〔24-26-ウ〕	○

◆ 因果関係の錯誤 ◆

意義	因果関係の錯誤とは、行為者が認識していた因果の経過と現実に発生した因果の経過とが一致しなかったが、予期した結果が発生した場合をいう。
処理	行為者の認識していた因果の経過と現実に発生した因果の経過とが相当因果関係の範囲内で符合していれば、故意が認められる。

「因果関係の錯誤」とは、行為者が認識した実行行為から結果発生までの因果経過が、実際の因果経過と異なる場合をいいます。

例えば、被害者を溺死させようと思って、橋の上から突き落としたところ、落下中に橋脚に頭部を打ち付けて死亡した場合を想像してください。

「被害者を橋の上から突き落とす」ことによって、「落下中に橋脚に頭部を打ち付ける」ことは、現実起こり得る話です。こういった場合には、因果関係の錯誤でも故意は認められます（処理の仕方、考え方はいろいろありますが、因果関係の錯誤があっても、よほどの事案でないかぎり因果関係は肯定されると考えていいでしょう）。

☑ 1	Aは、Bを殺害しようと考え、クロロホルムを吸引させて失神させたBを自動車ごと海中に転落させて溺死させるという一連の計画を立て、これを実行してBを死亡させた。この場合において、Aの認識と異なり、海中に転落させる前の時点でクロロホルムを吸引させる行為によりBが死亡していたときは、Aには、殺人罪は成立しない。〔23-24-イ、令3-24-オ〕	×
2	Aは、Bを殺害しようと決意し、Bの首を絞めたところ、動かなくなったので、Bが死んだものと思い、砂浜に運んで放置した。砂浜に運んだ時点では、Bは気絶していただけであったが、砂浜で砂を吸引して窒息死した。この場合、Aには、殺人（既遂）罪が成立する。〔23-24-オ〕	○
3	Aは、殺意をもって、Bの頭を鉄パイプで数回殴り、Bが気絶したのを見て、既に死亡したものと誤信し、犯行を隠すためにBを橋の上から川に投げ入れたところ、Bは転落した際に頭を打って死亡した。この場合、Aには、殺人罪は成立しない。〔27-24-オ〕	×

第3章 未遂犯

ここは要件をしっかりと覚えることと、それを事案に当てはめることが重要になってきます。
過去問の結論を覚えるのではなく、1つ1つの要件を当てはめることを意識して、問題演習をしましょう。

第1節 未遂犯総説

犯罪の基本型	修正
①故意 ②単独 ③既遂	①過失犯（38 Ⅰ但書）・結果的加重犯（205等） ②共同正犯（60） ③未遂（43）、予備・陰謀（78等）

犯罪の基本系が左に載っています。ざっくり言えば、**「わざと、1人で、最後までやる」と犯罪が完成**します。

ただ、**これには、修正があります**。

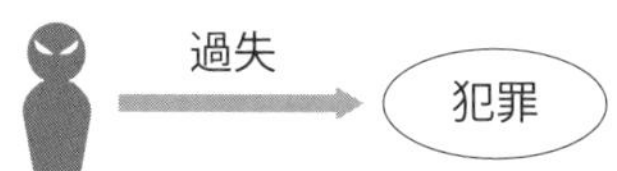

例えば、故意はなくても**過失があった場合にも、刑罰を科すことがあります**（これは、処罰するという条文がある場合のみ処罰されます）。また、**結果的加重犯では、犯罪事実の認識がなくても犯罪が成立**します。

他にも、単独というのにも例外があり、**2人以上で犯罪をした場合、共同正犯という処理になる**ことがあります。

また、法益侵害が生じれば既遂になりますが、その前段階で終わった場合でも、**未遂・予備罪が成立することがあります**。

ここから、この修正部分というのを見ていきます。

まずは、未遂という処理から見ていきます。ここは総論でも出題が多いところですので、時間をかけて学習しましょう。

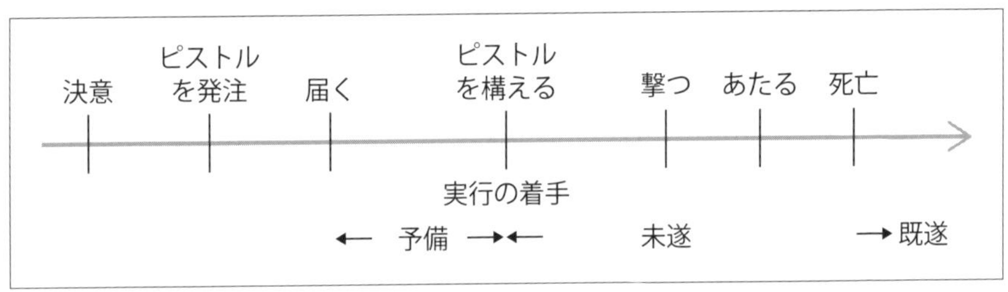

これは、殺人罪を犯すことを決意して、最後まで完結させるまでの流れです。

この事例で、ピストルが届いた後、ピストルを構える前に警察に捕まった場合には、予備罪という扱いになります。**殺人罪など重要犯罪に関しては、準備を完成させただけで、犯罪になる**のです。

その後、「ピストルを構える」ことにより、殺人罪の実行の着手に入ります。実行の着手というのは、「法益侵害の危険性のある行為の、スタート状態に入ること」と思ってください。

その後、「ピストルを構えて撃つ」ことによって、殺人罪の実行行為が完成します。この後、その人が死亡すると殺人罪は既遂になります。

これから学習する未遂というのは、上記の**実行の着手に入って、既遂までいかないという状態**を指します。

未遂の攻略方法
→ どの時点で、実行の着手になり
どの時点で、既遂になるのかを把握すること

特に、この試験で出題が多いのが「実行の着手」がいつか、という点です。ここは節を変えて説明します。

第2節 狭義の未遂犯

未遂犯（障害未遂）の成立要件
①実行の着手があること
②既遂に至らないこと

上記の2つの要件のうち、実行の着手の部分の出題が多いところです。

どの時点で、実行の着手になるかは犯罪類型ごとに異なりますが、考え方は共通しています。

「実行の着手」になる時点
→ 周りで見ている人が「法益が侵害されてしまう」と危険性を感じる時点

この観点で、犯罪類型ごとに実行の着手になる時期を見ていきましょう。

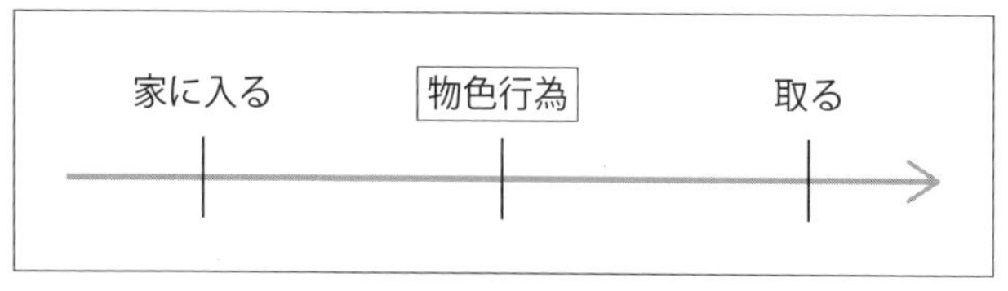

これは空き巣の流れです。どの時点で、周りで見ている人が「家の物が取られてしまう」と危険を感じるでしょう。

家の中に入った時点では、犯罪が起きるかもしれないけど、物が取られるというような危険性までは感じません（それ以外の犯罪かもしれません）。

ただ、物色行為をしているのを外から見たら「これは盗まれてしまう」と危険性を感じるでしょう。このように、**家の中に入り、物色行為をした時点で実行の着手になります**。

そのため、物色行為の後に、住居侵入罪で捕まった場合、住居侵入罪プラス窃盗罪の未遂になります。

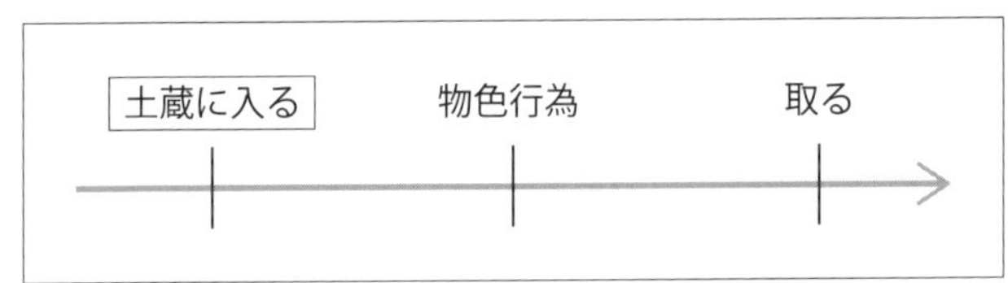

同じ空き巣でも、土蔵（今風にいうと倉庫）から物を取る場合は、**土蔵に入った時点で実行の着手になります**。

他人が土蔵に入った時点で、「土蔵の中の物が取られてしまう」と、周りの人はその時点で危険性を感じるでしょう。そこで、土蔵に入った時点で実行の着手が認められるのです。

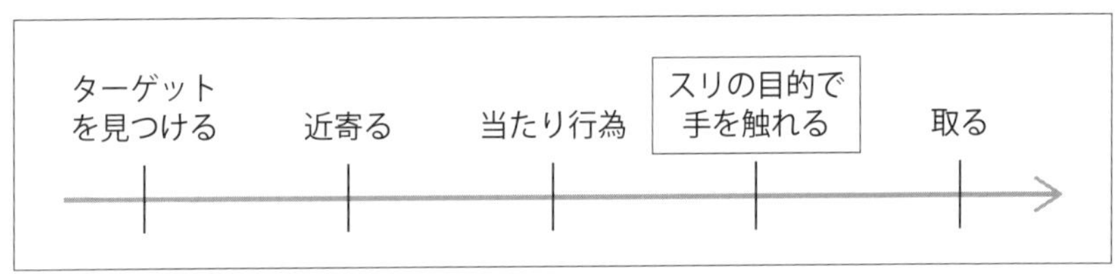

これはスリの流れになっていて、スリは2回、手を当てます。1回目は物が入っているかどうかを確認するために手を当てる行為（当たり行為といいます）、その後、実際に取るつもりで手を当てます（スリ目的で手を当てる）。

そして、**スリの実行の着手は、スリ目的で手を当てたとき**です。

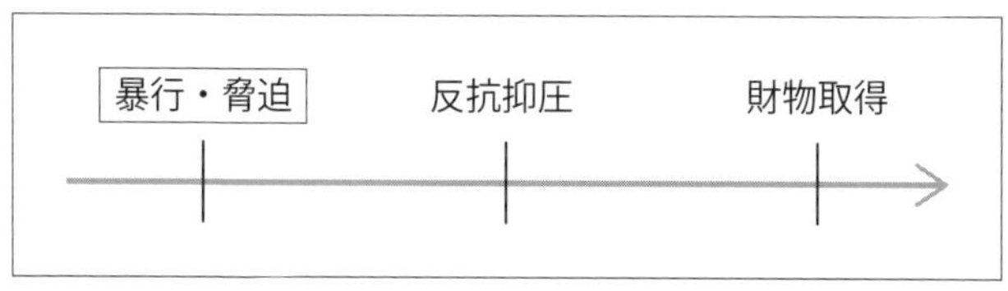

これは、強盗罪の流れです。強盗罪は、暴力を振るう、被害者が反抗抑圧状態になる、物を取ることで完成します。

暴行・脅迫の時点で、周りの人は「あの人、物が取られる」と法益侵害の危険性を感じるので、ここが実行の着手になります。

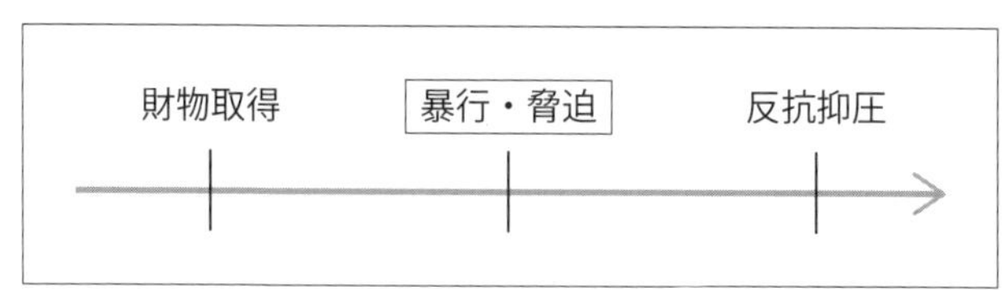

強盗しようと思って家に入ったら、家の人がいないので、とりあえず物を取りました。その後、家の人が帰って来たので、そこで暴力を振るったのが上の事例です。

この場合でも、**実行の着手は暴力を振るった時点**になります。

この事例で、暴力を振るわないまま、財物を取って帰った場合、強盗の未遂は成立しません（窃盗の既遂だけになります）。

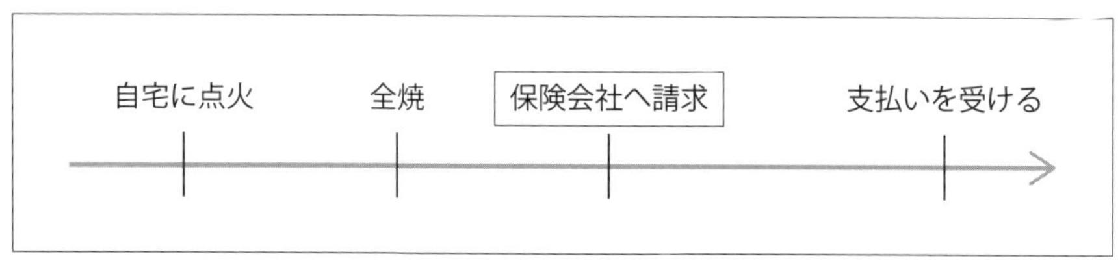

これは、保険金詐欺の例を掲げています。わざと家に火をつけて、保険会社に請求するまでの流れです。

どの時点で、周りで見ている人が「保険会社の法益が侵害されてしまう」と感じるでしょう。

これは燃やした時点ではなく、保険会社に請求した時点です。この**請求時が実**

行の着手になります。

◆ 殺人罪の実行の着手時期 ◆

殺害方法	実行の着手時期
a 毒殺	被害者に毒物入りの飲食物を交付した時（大判昭7.12.12）
b 射殺	被害者に向かって銃の狙いを定めた時
c 斬殺	被害者の面前で刀を振りかぶった時

上記は、殺人罪の実行の着手時期をまとめたものです。

これは、殺害方法によって異なります。どの時点で、「あぶない」と周りの人が思うかを考えればいいでしょう。

毒殺は、**相手が毒を受け取った時点で実行の着手になります**。そのため、上記のように、**毒を送ったところ届かなかった場合には、実行の着手はなかった**ことになります。

これで到達！ 合格ゾーン

☐ 恐喝のために文書を郵送した場合、文書の到達の時に実行の着手が認められる（大判大5.8.28）。

★恐喝罪の実行の着手は、恐喝行為を開始した時と解されています。文書で恐喝する場合は、送ったときではなく、到達のときになります（上記の殺人罪の事例とセットで押さえましょう）。

☐ 不実な請求によるいわゆる訴訟詐欺を目的として、裁判所に対し訴えを提起したとき、すなわち、訴状を裁判所に提出したときには、詐欺罪の実行の着手が認められる（大判大3.3.24）。〔20-25-オ〕

★債権もないのに訴えて、債務名義を取得する（その後、強制執行を狙います）ことを俗に訴訟詐欺といいます。これは、訴状を裁判所に提出した時点で、法益侵害の危険性が生じるので、そこが実行の着手になります。

☐ 為替手形を偽造・行使して割引名下に現金を詐取しようとした場合、相手方に嘘を言って偽造手形の割引の承諾をさせれば、まだ偽造手形を相手方に示すなどして行使していなくとも、詐欺罪の実行の着手が認められる。〔20-25-ウ〕

★「相手方に嘘を言って偽造手形の割引の承諾をさせた」時点で、法益侵害の危険が生じるので、この時点で詐欺罪の実行の着手と考えてください。

☐ 二人がかりで通り掛かった女性に暴行・脅迫を加え、他所に連行した上でそれぞれ不同意性交をしようと考え、それぞれ暴行・脅迫を加えて無理矢理自動車に乗せたものの、間もなく警察官の検問を受けたため、性交行為に至らなかった場合でも、不同意性交等罪の実行の着手がある（最決昭45.7.28）。

〔24-24-オ〕

★性交の目的で、嫌がる女性を自動車に引きずり込んだ時点で、不同意性交等に至る危険性が認められます。

問題を解いて確認しよう

1	盗みの目的で、他人の家の玄関の鍵を壊して屋内に侵入した場合、窃盗未遂罪が成立する。〔3-27-ア〕	×
2	土蔵内の金品を盗み取ろうと考え、その扉の錠を破壊して扉を開いたものの、母屋から人が出てくるのが見えたため、土蔵内に侵入せずに逃走した場合でも、窃盗罪の実行の着手がある。〔24-24-ウ〕	○
3	電車内で、他の乗客のズボンのポケットから財布をすり取ろうと考え、そのポケットに手を伸ばしてポケットの外側に手を触れたものの、別の乗客に発見されて取り押さえられたため、財布に触れることができなかった場合でも、窃盗罪の実行の着手がある。〔24-24-ア（令2-25-ア）〕	○
4	すり犯が、人込みの中において、すりをする相手方を物色するために、他人のポケット等に手を触れ、金品の存在を確かめるいわゆる「当たり行為」をした場合、それだけでは窃盗罪の実行の着手は認められない。〔20-25-イ〕	○
5	Aは、コンビニエンス・ストアに押し入って売上金を強奪することを計画し、深夜、けん銃を持って営業中の店に侵入したが、たまたま店員が不在であったため、レジから売上金を奪った。この場合Aについて強盗既遂罪が成立する。〔13-25-5〕	×

6	保険金詐欺の目的で、家屋に放火したり、船舶を転覆・沈没させた場合には、まだ保険会社に保険金支払の請求をしていなくとも、詐欺罪の実行の着手が認められる。〔20-25-エ〕	×
7	知人を毒殺しようと考え、毒入りの菓子を小包郵便でその知人宅宛てに郵送したものの、知人がたまたま既に転居していたため、転居先不明により返送されてきた場合でも、殺人罪の実行の着手がある。〔24-24-エ（令2-25-イ）〕	×
8	Aは、知人Bを殺害しようと考え、毒入りの和菓子が入った菓子折を用意し、その事情を知らないAの妻Cに対し、その菓子折をB宅の玄関前に置いてくるよう頼んだが、Aの言動を不審に思ったCは、B宅に向かう途中でその菓子折を川に捨てた。この場合、Aには、殺人未遂罪の間接正犯は成立しない。〔28-24-ウ〕	○

×肢のヒトコト解説

1 物色行為を始めていないので、いまだ窃盗の実行の着手は認められません。

5 暴行行為がまだ起きていないので、強盗罪の実行の着手に入っていません。

6 請求した時が実行の着手です。

7 相手に届いていないため、実行の着手はないことになります。

第3節 中止犯

覚えましょう

	障害未遂	中止犯
要件	①犯罪の実行に着手したこと ②既遂に至らないこと	①犯罪の実行に着手したこと ②既遂に至らないこと ③自己の意思によること ④真剣な中止行為がされたこと
処理	①刑の任意的減軽	①刑の必要的減免
	②未遂犯処罰規定がある場合に限って処罰される(44)	

未遂となった場合は、刑罰が減軽されることがあります。ただし、裁判官の裁

量によって軽くできるというだけです（表の左側です）。

ただ、この**未遂状態にいくつかの要件が加わると、中止犯と扱われます**（表の右側です）。**中止犯と扱われると、刑が必ず軽くなるか、免除されます**。

では、どこまでやれば、単なる未遂でなく中止犯とされるのでしょうか。

覚えましょう

「自己の意思により」の解釈
「やろうと思えばやれたがやらなかった」　→　中止犯
「やろうと思ってもやれなかった」　→　障害未遂

自己の意思によりという言葉の解釈です。「やれたのに、あえて止めた」そういった方であれば、必要的な減免をあげようとしたのです。いくつか事例を見ましょう。

◆ 中止犯になるか ◆

事例	結論
①後悔して中止した場合	○
②同情して中止した場合	○
③窃盗犯人が目的物を発見できなかったので中止した場合	×
④犯罪の発覚をおそれて中止した場合	×
⑤人の存在に気付いて中止した場合	×
⑥驚愕・恐怖にかられて中止した場合（大判昭12.3.6） ex.被害者の血を見て恐ろしくなった。	×

表の③から⑥は、「やろうと思ってもできない」状態です。物理的にできない（③）、**精神的にびびってできない（④⑤⑥）状態になっています**。こういう方々に、必要的な減免という恩恵を与える必要はありません。

Point

真剣な中止行為がされたこと
→　結果発生の防止について他人の助力を得た場合には、自ら防止したのと同視できるだけの真剣な努力を必要とする（大判昭12.6.25）。

中止犯になるには、助ける行為が必要です。助ける行為までして結果が起きなければ必要的な減免をあげます。

助けるといっても、人を刺してしまったような場合は、どうしたって医者の力が要ります。そのため、人の手を借りても中止犯の成立を認めます。ただ、犯人自身もかなり頑張らないと、必要的な減免はあげません。

人の助力を得る場合
→　あなたも、できる限りのことをしなさい

このような視点で、事例を分析しましょう。

例えば、火災を起こした人が、消防車などを呼ばずに、通りかかった人に「火を消しておいてください」と頼んで逃亡しても、できる限りのことをしたとは評価できません。

一方、刃物で刺した人が119番通報する行為はどうでしょう。けがをした人を治すのは一般人ではできないことなので、この人のやったことは「できる限りのことをした」と評価され、中止犯の要件を満たすのです。

中止犯の事例問題は、中止犯の要件を当てはめる作業をして解くことになります。まずは、この節の冒頭に記載している要件を見ながら、過去問を解いていきましょう（ちなみに、落としやすい要件が「既遂に達しないこと」です。**他の要件を満たしていても、既遂になっていれば、もう中止未遂にはならない**ので注意しましょう）。

これで到達！　合格ゾーン

□ Aが、殺意をもってBに毒を飲ませたが、後悔してBを病院に運び治療を受けさせたところ、もともと毒の量が致死量に達していなかったため、Bが死ぬことはなかった場合、中止犯は成立しない。

★中止未遂が成立するためには、中止行為と結果不発生との間の因果関係が必要とされています（最判昭4.9.17）。本事例では、AがBを病院に運び治療を受けさせた行為と結果（Bの死）の不発生との間に因果関係は認められません。

□ 被害者に傷害を負わせる意図で暴行に及んだところ、被害者が転倒し、頭部から血を流して失神したのを見て、死亡させてはいけないと思い、病院に搬送して治療を受けさせたため、脳挫傷を負わせるにとどまり一命を取り留めさせた場合、傷害致死罪の中止犯は成立しない。

★結果的加重犯については未遂処罰規定がないため、未遂の特別規定である中止犯も成立しません。

□ Aは、Bを脅して現金を強奪するつもりで、けん銃を用意し、B宅に向かったものの、途中で反省悔悟し、けん銃を川に捨てて引き返した。この場合、Aには、強盗予備の中止未遂は認められない。〔21-24-イ〕

★殺人の目的で予備行為を行ったが、自らの意思で殺人を犯すのを中止した場合に、未遂として減刑すべきでしょうか。考え方はいろいろあるのですが、否定するのが判例の傾向です（最大判昭29.1.20）。予備罪が既遂になった以上、その後の強盗行為を中止したからとって、強盗予備罪が中止未遂となるわけではないのです。

問題を解いて確認しよう

1	Aは、就寝中のBを殺害するため、バットでその頭部を数回殴打したが、Bが血を流しているのを見て、驚くと同時に悪いことをしたと思い、119 番通報をして救助を依頼したため、Bは救急隊員の救命措置により一命を取り留めた。この場合、Aには、殺人罪の中止未遂は認められない。〔21-24-オ〕	×
2	Aは、早朝に留守中の民家に盗みに入り、物色を始めたが、玄関に近づいた新聞配達員を帰宅した家人と誤認し、犯行の発覚を恐れ、何も盗まずに逃走した。この場合、Aには、窃盗罪の中止未遂は認められない。〔21-24-エ〕	○

3	Aは、Bを殺害するため、その腹部を包丁で1回突き刺したものの、致命傷を与えるには至らず、Bが血を流してもがき苦しんでいるのを見て、驚くと同時に怖くなってその後の殺害行為を行わなかった。この場合、Aには、殺人罪の中止未遂が認められる。〔21-24-ウ〕	×
4	Aは、B宅を全焼させるつもりで、B宅の前に積み上げられている木材に灯油をまいて点火したが、思った以上に燃え上がるのを見て怖くなり、たまたま近くを通りかかったCに「火を消しておいてくれ。」と頼んで逃走したところ、Cが家屋に燃え移る前に木材の火を消し止めた。この場合、Aには、現住建造物等放火罪の中止未遂は認められない。〔21-24-ア（27-25-イ）〕	○
5	Aは、日々の生活費に窮し、金属買取店で換金して現金を得ようと考え、道路に設置されたマンホールの蓋を三つ盗んで自宅に持ち帰ったが、その後、他人が転落してしまう危険があると考えて反省し、翌日、全てのマンホールの蓋を元の場所に戻しておいた。この場合、Aには、窃盗罪の中止未遂が成立する。〔27-25-ウ〕	×
6	Aは、Bを殺そうと考え、青酸化合物をBに飲ませたが、Bが苦しむ姿を見て、大変なことをしてしまったと悟り、直ちに消防署に電話をかけ、自己の犯行を正直に話して救急車を呼び、その結果、Bが病院に搬送されて治療が施されたが、Bは青酸化合物の毒性により死亡した。この場合、Aには、殺人罪の中止未遂は成立しない。〔27-25-エ〕	○

×肢のヒトコト解説

1 要件をすべてクリアしているので、中止犯になります。

3 びびってやめていますので、中止犯にはなりません。

5 盗んで持って帰っているため、既遂になっています。

第４章 共犯

令和７年本試験は
ここが狙われる！

総論の頻出論点の１つです。特に共同正犯についての出題が多いところです。
どういう要件を満たすと共同正犯になるのかという理解と、問題ごとに要件の当てはめが重要になってきます。

また、錯誤の論点も多く出題されます。本章を読む前に、錯誤の処理の方法を確認しておきましょう。

第１節 正犯と共犯

覚えましょう

正犯……実行行為を行う者

まず言葉を覚えてください。正犯というのは、実行行為を行う人のことを言います。

Ａの実行行為にＢが参加した場合、このＢがどのように扱われるかを次の図を使って説明します。

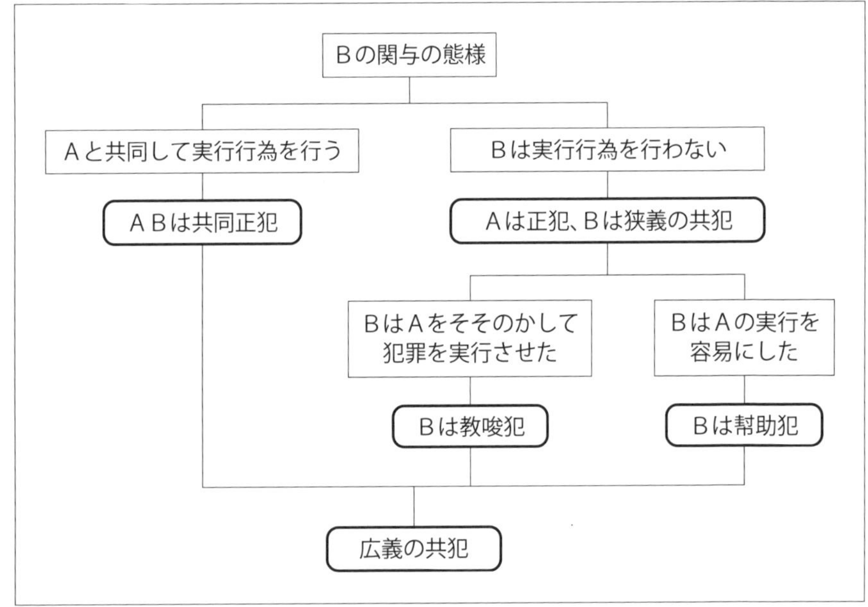

図の左側を見てください。

Aが実行行為をするだけでなく、**Bも実行行為をした場合には、ABとも正犯と扱われます**（こういうのを、共同正犯と言います）。皆さんが日常会話で共犯という言葉を使う場合は、この共同正犯のことを指します。

次に、表の右側の場合、Bは実行行為をしていません。この場合、正犯者はAだけで、Bは脇役扱いになります（**この脇役扱いを、狭義の共犯といいます**）。

脇役としての関与の仕方が2つあります。「犯罪をするように、そそのかした」場合と、「犯罪をする人を助けた」場合で、それぞれ教唆犯、幇助犯と言います。

まずは、この2つから説明していきましょう。

第2節 教唆犯と従犯

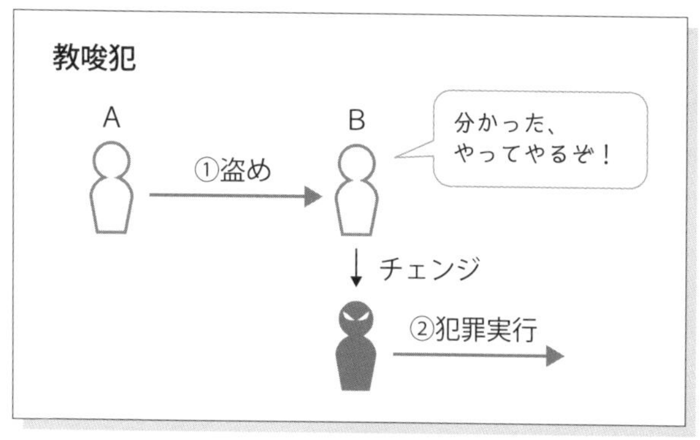

犯罪をする気がない方がいます。その方に「盗んだらどうだ、あの家は狙い目だぞ」とそそのかした結果、この方がやる気になったのです。

犯罪をする気がなかった方が、悪人になり、犯罪を行いました。これが教唆という類型です。

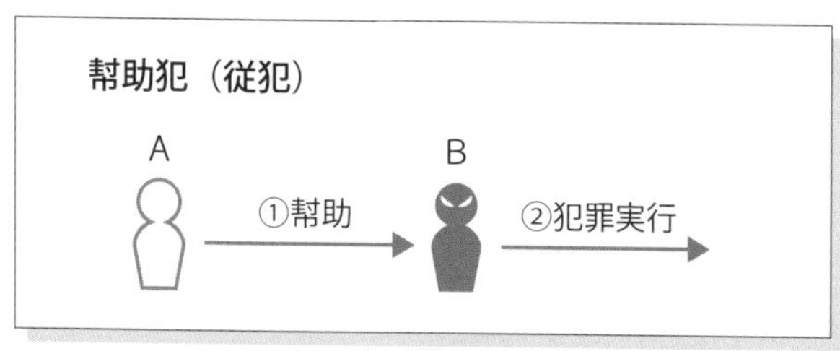

B自身、すでに犯罪する気がある状態です。このBに対し、Aが手助けをして、Bの犯罪をしやすくしました。これが、幇助犯（従犯）という類型です。

ではどちらのAの方が、よりアクドイ（罪深い）でしょうか？

それは教唆です。**今まで犯罪をする気がなかった人に犯罪をする気にさせているので、教唆の方が罪深い**のです。

61条（教唆）
人を教唆して犯罪を実行させた者には、正犯の刑を科する。

63条（従犯減軽）
従犯の刑は、正犯の刑を減軽する。

アクドサが違うため、「正犯の刑を科する」としている教唆犯に対して、従犯は「正犯の刑を減軽する」として、明らかに刑罰に差をつけたのです。

覚えましょう

教唆犯の要件
①人を教唆したこと
②犯罪を実行させたこと

これが教唆の要件です。

①の人を教唆したというのは、先ほどの例で言うと、Bを**「犯罪をする気がない状態」から「犯罪をやる気にさせる」こと**です。

そして②**Bに犯罪を実行させること、ここまでいかないと教唆は完成しません。**

下の図を見てください。

①　教唆行為
→　②　被教唆者が犯罪の実行を決意
→　③　被教唆者が犯罪の実行に着手
→　④　被教唆者が犯罪を完成

これが教唆行為の流れです。どこまでいったら、教唆が完成するでしょう。

②ではなく、③**（実行の着手）まで進まないとAの教唆は完成しません。**つまり、そそのかして決意をさせても、その方が実際に犯罪行為に着手しなければ、教唆は未完成になります。

ちなみに③で止まった（④までいかなかった）場合、教唆は完成ですが、**本犯が未遂で終わっているので、教唆も未遂と扱われます。**

これで到達！ 合格ゾーン

□ Aは、Bに「刑務所に行ったら箔（はく）がつくから何かやってこい」とそそのかしたところ、Bがその気になって傷害を犯した場合、Aに傷害罪の教唆犯は成立しない。

★教唆犯が成立するには、被教唆者に対し「○○罪をしてみないか」と特定の犯罪行為をすべきことを指示することが必要です。犯罪行為を特定しないで、漫然と犯罪一般をそそのかすだけでは足りません（最判昭26.12.6）。

例えば、AがBに対し、「Dを殺したらどうだ」とそそのかしたところ、Bがやる気になりました。

ただ、Bは自分では手を下さずに、Cをそそのかしたのです。BがCに対して「Dを殺したらどうだ」とそそのかし、Cが殺人を実行しました。

この場合、Cが正犯でBが教唆犯になるだけでは済まず、Aも教唆になります。

このように、教唆したところ、その人が別人を教唆した場合でも、このAは教唆犯として扱われます。

ちなみに、このAの前にXがいて、**XがAを教唆→AがBを教唆→BがCを教唆してCが実行した場合でも、このXは教唆と扱われます。**

（こういう類型を間接教唆と呼びます。これの従犯バージョンもあります。）

問題を解いて確認しよう

1	既に特定の犯罪を実行することを決意している者に対し、これを知らずに、当該犯罪を実行するよう働き掛けた場合には、教唆犯は成立しない。〔14-23-オ〕	○
2	教唆犯は、自らは実行行為をせず犯罪実行者の背後にあって他人の犯罪に加功するにすぎない点で幇助犯と共通の性質を有するが、犯罪の決意を実行者に生じさせる点で幇助犯と異なる。〔14-23-ア〕	○
3	人を殺害することを教唆したところ、被教唆者が殺人の実行行為に出たものの、その目的を遂げなかったときには、教唆者には殺人未遂の教唆犯が成立する。〔2-25-2〕	○
4	教唆者を教唆することを間接教唆といい、間接教唆者を教唆することを再間接教唆又は順次教唆という。間接教唆も再間接教唆も、処罰されない。〔14-23-ウ〕	×
5	ＡＢＣＤは、いずれも甲に対して恨みを持っていたが、ＢＣＤ３名は、甲に対する殺意までは抱いていなかった。甲の殺害を願っていたＡは、Ｂに対して甲を殺害するようにそそのかしたが、これを受けたＢは自ら実行せず、Ｃに対して、甲の殺害をそそのかした。しかし、Ｃも、Ｂと同様、自ら実行せずに、Ｄに対して甲の殺害をそそのかした結果、Ｄがその決意をして甲を殺害した。この場合、Ａは殺人教唆の刑で処断される。〔6-25-エ〕	○
6	Ａは、Ｂから「友人Ｃが、多数の者を相手にわいせつ動画を見せるので、わいせつ動画が録画されたＤＶＤディスクを貸してほしい。」と依頼され、わいせつ動画が録画されたＤＶＤディスク１枚をＢに貸与した。その結果、Ｂは、同ディスクをＣに貸与し、Ｃがこれを上映して、多数の者にわいせつ動画を観覧させた。この場合、Ａには、わいせつ図画公然陳列幇助罪は成立しない。〔26-24-オ〕	×

×肢のヒトコト解説

4　どちらも教唆犯として、処罰されます。

6　ＡはＢを通じて、Ｃの犯罪を助けています。こういった類型を間接幇助といいます。

2周目はここまで押さえよう

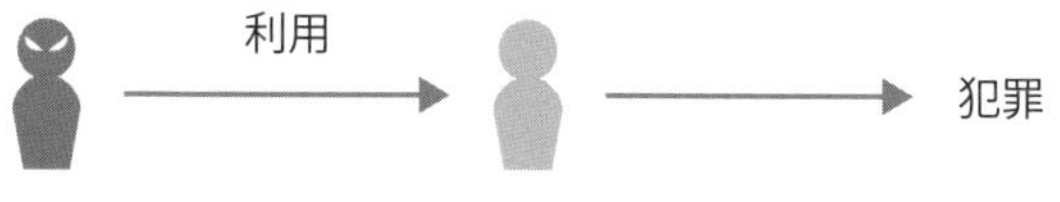

Aが拳銃を使って人を殺しました。悪いのは、拳銃でしょうか、Aでしょうか。
もちろん、Aが悪いです。拳銃はAの道具にすぎません。

犯罪は、拳銃などの動産を道具にして行うことはできますし、他人を道具にすることもできます。
例えば、「医師Aが、毒薬であることを知らない看護師Bに指示して患者に毒薬を投与させ、患者を殺害した場合」を想像してください。

この場合、正犯はAで、Bは利用されているにすぎません。
このように、人を道具にして犯罪を実現させる人を間接正犯と呼びます（自分の手を使って犯罪をするのを直接正犯、人を道具にする場合を間接正犯と呼びます）。

◆間接正犯の類型◆

類型	事例	処理
故意のない他人の行為を利用する場合	医師Aが、毒薬であることを知らない看護師Bに指示して患者に毒薬を投与させ、患者を殺害した場合	殺人罪の間接正犯
他人の正当な行為を利用する場合	自ら堕胎手術を施した結果、妊婦の生命に危険を生じさせたAが、医師Bに胎児の排出を求め、医師の緊急避難行為を利用して堕胎させた	堕胎罪の間接正犯（大判大10.5.7）
被害者の行為を利用	他人の所有物を、事情を知らない第三者Bに対し、自己Aの所有物と偽って売却して搬出させた	窃盗罪の間接正犯（最決昭31.7.3）
被害者の誤解を利用	追死の意思がないのに、Aは被害者Bを欺罔し、追死を誤信させて自殺させた	殺人罪の間接正犯（最判昭33.11.21）

Aという人物が、Bを道具に犯罪を実行させている、という観点で前ページの図表を確認しておいてください。

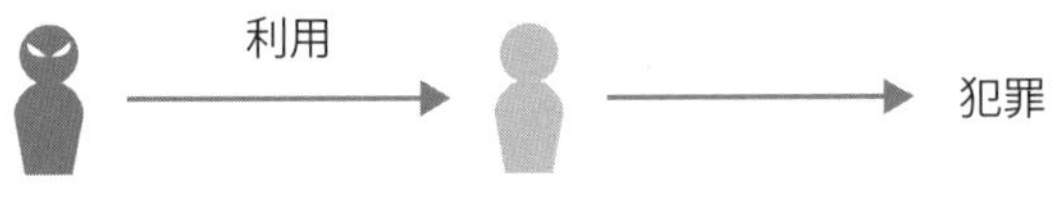

子供を使って犯罪をする場合、その子供が物事の良し悪しが分からないような年齢（是非弁別能力といいます）であれば、利用した者が間接正犯になります。

では、12、13歳を超えたような年齢の子を利用した場合はどう処理されるでしょうか。

> 是非弁別能力のある刑事未成年者の利用について、判例は、当該未成年者の意思が抑圧されていれば間接正犯（最判昭58.9.21）、意思の抑圧に達していなければ教唆犯又は共同正犯（最判平13.10.25）が成立するとしている。

事例	処理
① 自己の意思のままに従わせていた12歳の養女に命じて窃盗を行わせた者	窃盗罪の間接正犯（最決昭58.9.21）
② Aは、生活費欲しさから、中学1年生の息子Bに包丁を渡して強盗をしてくるよう指示したところ、Bは、嫌がることなくその指示に従って強盗することを決意し、コンビニエンスストアの店員にその包丁を突き付けた上、自己の判断でその場にあったハンマーで同人を殴打するなどしてその反抗を抑圧して現金を奪い、Aに全額を渡した。	強盗の共同正犯（最決平13.10.25）
③ Aは、是非弁別能力はあるものの13歳である息子Bに対し、通行人を刃物で脅して現金を奪って小遣いにすればいいと促し、Bは、小遣い欲しさから、深夜、道を歩いていた女性Cにナイフを突きつけて現金2万円を奪った。	窃盗の教唆犯

①の事例は、意思が抑圧されているので、間接正犯で処理されています。

一方、②の事例は、「嫌がることなく」「自己の判断で」という部分から、意思が抑圧されているとは評価できません。

③の事例では、Bは意思が抑圧されているとは言えず、またA自身の犯罪を実行しようとしていません（「Bは小遣い欲しさから」）。この事例では、Bが正犯で、Aは教唆犯と処理されます。

1	Aは、後追い自殺する意思がないのに、交際相手であったBを騙してAが後追い自殺をするものと誤信させ、Bに自殺させた。この場合、Aには、自殺関与罪が成立するが、殺人罪は成立しない。〔30-26-イ〕	×
2	Aは、Bが同人所有の空き地に自動車の中古部品を多数保管していることを知り、Bに無断で、金属回収業者Cに対し、その中古部品が自己のものであるかのように装って売却し、Cは、その中古部品を自己のトラックで搬出した。この場合、Aには、窃盗罪の間接正犯は成立しない。〔28-24-オ〕	×
3	Aは、是非弁別能力はあるものの13歳である息子Bに対し、通行人を刃物で脅して現金を奪って小遣いにすればいいと促し、Bは、小遣い欲しさから、深夜、道を歩いていた女性Cにナイフを突きつけて現金2万円を奪った。この場合、Aには、強盗罪の間接正犯は成立しない。〔28-24-ア〕	○
4	13 歳の児童に指示して他人の財物を盗み出させたときは、当該児童に対し暴行、脅迫等その意思を抑圧する手段を用いたと否とを問わず、間接正犯による窃盗罪が成立する。〔62-24-1〕	×

第3節 共同正犯

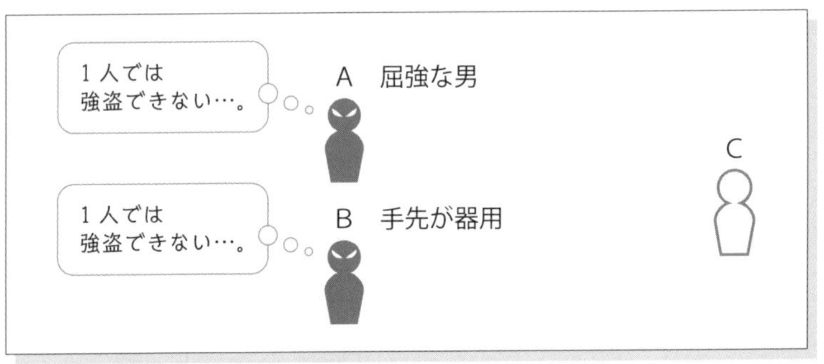

AとBは、Cの家に強盗に入ろうと考えています（このCさんの家には金庫があります）。

Aは力が強いですが、手先が不器用なため、金庫を開けることができません。

一方Bは、手先は器用ですが、力が弱く、暴力行為ができません。

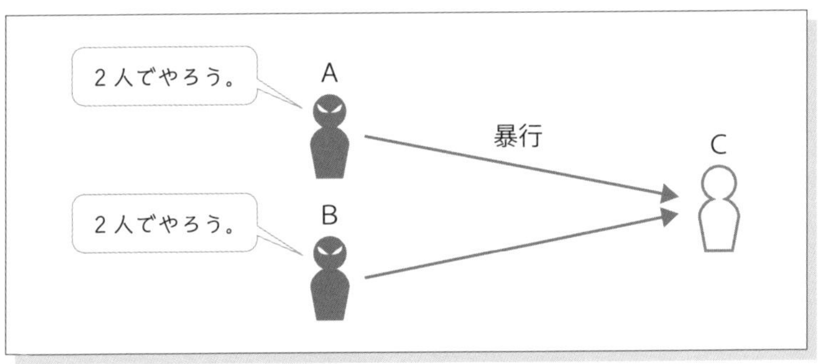

今回この2人がタッグを組んで、やることにしたのです。

Aが暴力を振るい、Bが金庫から物を取って強盗を完成させました。

Aだけの犯罪で見ると暴行罪、Bだけで見ると窃盗罪になります。

ただ今回AとBが、タッグを組んだということを重視します。

AB という人格が「窃盗＋暴行」をしたと考える
↓
AB２人とも強盗罪の正犯として処罰できる
＝「一部実行の全部責任」

AとBをひとくくりにして、ABで強盗行為をしたと考えるのです。
その結果、AもBも強盗罪として処罰します。

この処理を、**一部実行全部責任と呼びます。「犯罪の一部分しかやっていなくても、起きた結果の全部について責任を取りなさい」ということ**です。
Aのやったことは暴力行為、でも生じた結果が強盗だから、強盗全部について責任を取れということです。
なぜこのように重く処罰するのでしょう。

刑法

２人が合体
→　法益侵害の可能性を高めた
→　重く処罰する

これは、法益侵害の危険を高めたためなのです。
A１人だったら、強盗はできませんでした。B１人でも強盗はできませんでした。AとBで合体したために、強盗になったのです。
このように、**合体した結果、法益侵害の危険を高めたので、重く処罰する**ことにしました。

そのため、この**共同正犯の要件は、合体したという点に求めます。**
では何をもって合体したと評価し、全部責任を負わせるのでしょうか。

意思の面の結び付きと物理的な結び付き、2つがあると共同正犯と扱われます。

具体的には、「2人で犯罪をやろう」という意思の合致と、「実行行為を一部でも担当する」という物理的な協力があれば、2人の共同正犯としての結び付きは完成します。

次の事例を見てください。

> Aは、金品を強取する意思で、Cを縄で縛り上げたが、人の足音が近づいて来るのが聞こえたので、Cをその場に放置して何も取らずに逃走した。そこへたまたま通りかかったBは、Cが縄で縛られているのを見て、その懐中から金品を奪い取った。
> →　共同正犯不成立
>
> Bは、友人Aと同行中、Aがたまたま通りかかった公園のベンチで眠っているCの上着のポケットから財布を抜き取ろうとしているのを認めながら、Aの行為を制止せず終始傍観していた。
> →　共同正犯不成立

両方の事例とも、意思の結び付きがないため、共同正犯が成立しません。

片方だけは意思があったとしても、他方にも意思がなければ、結び付いた状態とは言えません（「片面的共同正犯では、共同正犯として処罰されない」と表現されます）。

出題の大半が、この意思の結び付きがあるかどうかを判断させる問題です。

この後に掲載している問題を意思の結び付きがあるかという観点で判断してみてください。

問題を解いて確認しよう

1	Aは、金品を強取する意思で、Cを縄で縛り上げたが、人の足音が近づいてくるのが聞こえたので、Cをその場に放置して何も取らずに逃走した。そこへたまたま通りかかったBは、Cが縄で縛られているのを見て、その懐中から金品を奪い取った。Bに強盗罪について、Aとの共同正犯が成立する。〔5-24-1〕	×
2	Aは、Bが留守宅に盗みに入ろうとしていることを知り、Bが現金を盗み出している間に、Bが知らないまま外で見張りをしていた。この場合、Aには、窃盗の共同正犯が成立する。〔22-24-オ〕	×
3	Bは、友人Aと同行中、Aがたまたま通りかかった公園のベンチで眠っているCの上着のポケットから財布を抜き取ろうとしているのを認めながら、Aの行為を制止せず終始傍観していた。Bに窃盗罪について、Aとの共同正犯が成立する。〔5-24-5（10-24-4）〕	×
4	Aは、たまたま公園内で、Bが「金をよこせ。」などと言いながらCになぐるけるの暴行を加えているのを目撃したため、Bに加勢して自分も金品を奪おうと考えたが、Bが現金を奪って立ち去ってしまったため、負傷して身動きができなくなったCの傍らに置いてあったCのバッグを奪った。この場合Aについて強盗既遂罪が成立する。〔13-25-2〕	×

ヒトコト解説

1~4　AとBの間には、「2人でやろう」という意思の合意（共同実行の意思）がありません。そのため、共同正犯が成立しません。

2周目はここまで押さえよう

◆ 共同正犯の成否が問題となる「犯罪」に関する判例 ◆

	事例	共同正犯が成立するか
過失犯	飲食店の共同経営者が有毒物質を含有する液体を検査せずに販売した場合（有毒飲食物等取締令4条1項後段の罪の共同正犯）	成立 (最判昭28.1.23)
結果的加重犯	暴行を共謀したところ共謀者中の一人の暴行から傷害の結果が発生した場合（傷害罪の共同正犯）	成立 (最大判昭23.10.6)
	強盗の共同正犯者中の一人が財物奪取の手段として加えた暴行から被害者に傷害を負わせた場合（強盗致傷罪の共同正犯）	成立 (最判昭22.11.5)
予備罪	殺害意図を有するAから毒物の入手を依頼されたBがAの意図を知りながら毒物を入手しAに交付したが、Aは殺人の実行に着手しなかった場合（殺人予備罪の共同正犯）	成立 (最決昭37.11.8)

上記は、共同正犯が成立するかどうか争いが強いものです。現在の司法書士試験では、学説は出題されないので、上記の判例の結論を押さえることでとどめておきましょう。

過失犯

「注意しないで、販売しよう」という意思の合致のもとで、販売した行為につき、過失の罪についての共同正犯を認めます。

結果的加重犯

「暴力をふるう」（ケガはさせない）という点で意思の合致のもと暴力をふるったところ、相手がケガした場合、このケガについての共同正犯は成立します（結果的加重犯は、そもそも重い結果について認識が不要な犯罪類型です）。

予備罪

重大犯罪について準備行為を処罰するのが予備罪です。毒殺についての意思の合致をした2人が、毒を入手すれば、その時点で殺人予備罪が成立します。

1	過失犯については、共同正犯は成立しない。〔10-24-5〕	×
2	ＡＢは、甲に対して暴行を加えることを事前に共謀し、両名で甲の部屋に赴き、かねて謀議のとおり、甲が逃走できないようにＡが部屋の出入口をふさぎ、Ｂが甲の顔面を殴打したところ、甲は脳内出血を起こして死亡した。この場合、Ａは傷害致死の刑で処断される。〔6-25-オ（61-25-4）〕	○
3	Ａは、甲を殺害する意思を持っていたＢから、その真意を打ち明けられて甲殺害のための毒薬の入手方を依頼され、これに応じて毒薬をＢに手交したが、Ｂは、その後、甲の殺害を思いとどまり、その毒薬を廃棄した場合、Ａは殺人予備の刑で処断される。〔6-25-ウ〕	○
4	ＡがＢからＣを毒殺する計画を打ち明けられるとともに、毒物の入手を依頼されて承諾し、致死性の毒物を入手してＢに手渡した場合において、Ｂが殺人の実行に着手しなかったときは、Ａには、殺人予備罪の共同正犯が成立する。〔31-24-イ〕	○

これで到達！

合格ゾーン

□ Ａは、ＢがＣに暴行を加えて傷害を負わせた後に、Ｂに共謀加担した上、Ｃに更に暴行を加えて、Ｃの傷害を相当程度重篤化させた。この場合、Ａは、Ａの共謀加担前に既に生じていた傷害結果については、傷害罪の共同正犯としての責任を負わない（最決平24.11.6）。

★先行者が特定の犯罪の実行に着手し、まだ実行行為を全部終了しない間に、後行者がその事情を知りながらこれに関与し、先行者と意思を通じて残りの実行行為を行い、犯罪を完成することを承継的共同正犯といいます。ただ、共謀加担前に加害者の一人が既に生じさせていた傷害結果については、傷害罪の共同正犯としての責任を負うことはありません。

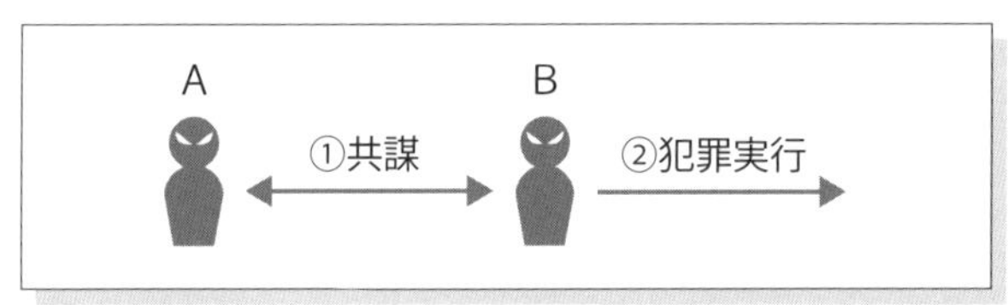

AとBで殺人の計画を立てた後、Bだけが殺人行為をしました。

この場合、Bが正犯でAが教唆犯もしくは幇助犯のように見えます。

ただ、よくよく見ると、Aは脇役的な立場ではなく、計画では主導的な立場でことを進めた、いわばその犯罪の黒幕みたいな人間だったのです。

このAも、共犯とすることにしました。

このように、物理的な**実行行為をしていなくても、犯罪の黒幕であれば、正犯として扱います**。これを、共謀共同正犯と言います。

共謀共同正犯が成立にするには、次の3つの要件が必要です。

覚えましょう

共謀共同正犯の要件

①共同意思

②共謀

③共謀者の一部が共謀に基づいて実行行為を行うこと

重要なポイントは、②の共謀という点、**計画を立てているというイメージ**です。

共同実行をしていない人がいたら、その者が計画に参加していないかをチェックしましょう。

問題を解いて確認しよう

1	自ら実行行為をしていない者については、共同正犯は成立しない。〔10-24-1〕	×
2	Aは、知人Bとの間で、飲食店の店員に暴行を加えて現金を強奪することを計画し、Aが凶器を準備し、Bが実行役となって強盗をすることについて合意した。ところが、Bは、一人で実行するのが不安になり、Aに相談しないまま、Cに協力を持ち掛け、BとCとが一緒になって強盗をすることについて合意した。犯行当日、Bは、Cと二人で飲食店に押し入り、店員に暴行を加えて現金20万円を奪い取った。この場合、Aには、Cとの間でも強盗罪の共謀共同正犯が成立する。〔26-24-ア〕	○

×肢のヒトコト解説

1 共謀共同正犯は、実行行為をしないのに共同正犯と扱われます。

これで到達！ 合格ゾーン

☐ 暴力団組長が、ボディガードが自発的に警護のため拳銃を所持していることを確定的に認識しながら、組長がそれを当然のこととして受け入れて認容し、そのことをボディガードも承知していたという事情のもとにおいて、組長には、拳銃の所持について、共謀共同正犯が成立する（最決平15.5.1／スワット事件）。

★この事情、状況においてはボディガードとの間に「拳銃を持つように」という黙示的な意思の連絡があり、実質的には、組長が拳銃を所持させていたと評価されました。

共同正犯からの離脱

共同正犯者の一部の者（A）が他の共同正犯者（B）との共同関係を完全に解消しBの犯行への物理的及び心理的影響を完全に消失させた場合

↓

離脱後にBが犯罪を完成

↓

離脱者（A）は離脱前の行為についてしか罪責を問われない

共犯関係から抜けた後、犯罪が完成されたとしても、抜けた人は全部責任を負いません。

では、何をもって抜けたと評価されるのでしょうか。これはいつの時点で抜けるかによって違ってきます。

次の時系列を見てください。

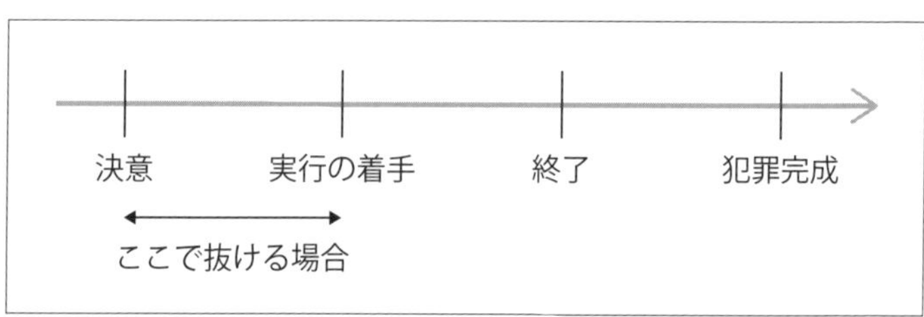

この時点ではまだ意思の結び付きしか生じていません。

意思の結び付きしか生じていない以上、それだけ解けば、共犯から抜けたことになります。

覚えましょう

着手前の離脱の要件
①他の共謀者に対して共謀関係から離脱する意思を表明したこと
②他の共謀者がこれを了承すること（東京高判昭25.9.14）
③道具を返してもらう

自分は
抜けるからね。

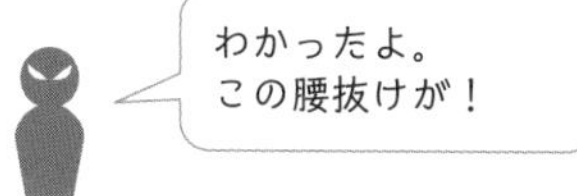
わかったよ。
この腰抜けが！

上記のように、**離脱の意思を表明するだけでなく、相手の承諾が必要**です。一方的に伝えただけでは、意思の結び付きを取ることはできません。

ただ、この場合でも、何か犯罪の**道具などを残していた場合は、まだ意思が残っていると扱われます**。そのため、道具などを提供していた場合は、それを回収することが必要です。

次の図を見てください。

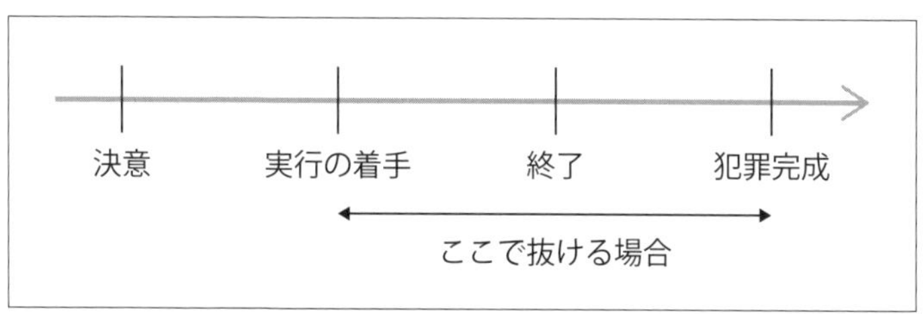
決意
実行の着手
終了
犯罪完成
ここで抜ける場合

これは実行に着手した後、完成までに抜けるというパターンです。

このケースでは意思の結び付きだけでなく、物理的な面でも結び付きが起きています。そのため、**意思の結び付きだけでなく、物理的な結び付きも取る必要があります**。

覚えましょう

着手後の離脱の要件

①離脱者が他の行為者に離脱の意思を表明したこと

②他の者がそれを承諾したこと

③実行行為終了前（着手未遂）：他の共謀者の実行行為を阻止する

　実行行為終了後（実行未遂）：結果防止のための積極的行為をする

まだ実行行為の途中であれば、それを止めることが必要だし、**実行行為が終わった後であれば、完成しないように、助ける行為が必要**になります。

この後の問題を見て、どの時点で共犯関係から離脱しようとしているのか、そして、着手前の離脱の要件・着手後の離脱の要件をクリアしているかをチェックしてみてください。

問題を解いて確認しよう

＜その①＞

1 Aは、Bとの間で、Cを脅して現金を強奪する計画を立て、その計画どおりBと一緒にCをピストルで脅したところ、Cがおびえているのを哀れに思い、現金を奪うことを思いとどまり、その場にいたBに何も言わず立ち去ったが、Bは、引き続き現金を奪い取った。この場合、Aには、強盗（既遂）罪の共同正犯が成立する。〔22-24-エ〕 ○

2 AとBは、態度が気に入らないCを痛め付けようと考え、それぞれ素手でCの顔面や腹部を殴り続けていたが、Aは、途中で暴行をやめ、暴行を続けていたBに「俺はもう帰るから。」とだけ言い残してその場を離れた。Bは、その後もCを殴り続けたところ、間もなくCは死亡した。Cの死亡の原因がAの暴行によるものかBの暴行によるものか不明であった場合、Aには、Bとの間で傷害罪の共同正犯が成立し、傷害致死罪の共同正犯は成立しない。〔26-24-ウ〕 ×

＜その②＞

Aは、強盗を企て、B及びCとともに、「ABCの3人で宝石店に赴き、AとBとがその店の前で見張りをしている間に、CがAの用意した拳銃で店員を脅して宝石を強取する。分け前は山分けする。」という計画を立てた。計画に従い、Aは、拳銃を用意してこれをCに手渡し、A、B及びCは、宝石店に向けて車で出発することとなった。

3 出発直前、Bは、急に怖くなって「おれはやめる」と言い出し、A及びCが仕方なくこれを了承したため、Bは、その場から立ち去ったが、A及びCは、そのまま強盗を実行した。この場合、Bは、強盗の共犯の罪責を負わない。〔19-25-ア〕 ○

4 出発直前、Aは、急に怖くなって「おれはやめる」と言い出し、B及びCが仕方なくこれを了承したため、Aは、その場から立ち去ったが、拳銃を残していったので、B及びCは、そのままAの用意した拳銃を用いて強盗を実行した。この場合、Aは、強盗の共犯の罪責を負わない。〔19-25-イ〕 ×

×肢のヒトコト解説

2　着手後の離脱の事例です。他の共犯者からの離脱の承諾を得ていませんし、また「他の共謀者の実行行為を阻止する」という行為もないので、離脱の効果は生じません。

4　道具を回収していないため、影響力が残っています。

	真正身分犯
意義	行為者が一定の身分を有することにより初めて可罰性が認められる犯罪
具体例	①収賄罪　→　公務員 ②横領罪　→　他人の物の占有者
非身分者が加功した場合	身分のない者も共犯とする(65 Ⅰ)

身分というのは、地位とか状態を指している用語と思ってください。

上に載っている犯罪は、**身分がなければできない犯罪です**。

例えば収賄罪という犯罪は公務員という身分がなければできません。例えば、皆さんが私に差し入れを持ってきて、私が受け取っても、私は収賄罪にはなりません。

また横領という犯罪は、占有している人がネコババをするという犯罪です。占有をしていなければ、そもそも横領行為ができません。

このように、**身分がなければできない犯罪を真正身分犯といいます**。この犯罪を身分がある人と身分がない人で、共同正犯の形式で実行したらどうなるのでしょうか。

> 公務員であるBと公務員でないA（Bの妻）が、賄賂を受けた。
> →　妻にも、賄賂罪が成立する

Bには公務員という身分がありますが、Aにはそれがありません。A1人では収賄罪はできません。

では、Aが身分があるBと一緒に収賄行為をしたらどうなるのでしょうか。

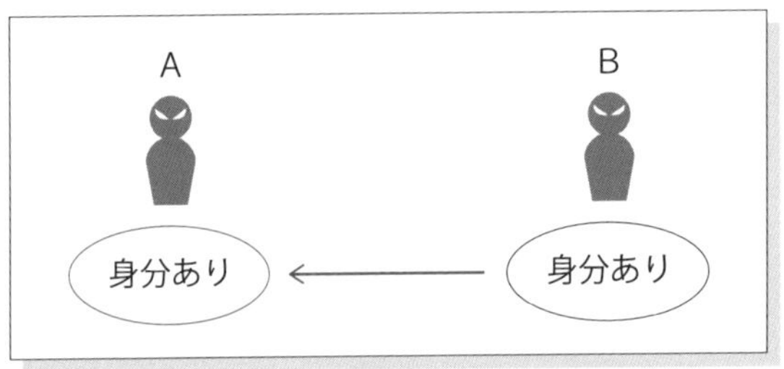

この場合、身分のある人の地位が全部そのまま下りてきます。したがって、Aにも収賄罪が成立するのです。

	不真正身分犯
意義	行為者に身分がなくても犯罪は成立するが、一定の身分があることによって刑が加重又は減軽される場合
具体例	①常習賭博罪　→賭博常習者 ②業務上横領罪　→業務者
非身分者が加功した場合	身分のない者には通常の刑を科する(65 II)

不真正身分犯という、身分がなくてもできる犯罪、ただ身分があると刑罰が重くなるというパターンです。

例えば、賭博行為をすれば誰でも単純賭博罪という犯罪になるのですが、常習性がある人が賭博行為をすると常習賭博罪となり、刑罰が重くなります。

では、この不真正身分犯を、身分がある人とない人で行うと、どのような処理になるでしょうか。

賭博の常習者であるＢと、非常習者であるＡが大規模な賭博行為をした。
→　Ａには、常習賭博罪ではなく、通常の賭博罪が成立する

常習性という身分があるＢと、常習性がないＡが一緒に賭博行為をした場合、Ａの身分はどうなるのでしょうか。

次の図を見てください。

Ｂの身分は下りてきません。そのため、Ｂに成立するのは常習賭博、Ａに成立するのは普通の賭博罪となります。

占有者Ａ ←→ 業務上占有者Ｂ

Ｂ：業務上横領罪
Ａ：横領罪

占有という状態があれば、横領罪は犯せます。ただ、業務者という身分であるとさらに重くなります。

そのため、上記のＡ１人でも犯罪ができます。

このＡが業務者のＢと横領行為をした場合、これは不真正身分犯と扱われ、**業**

務者という身分は、Aに下りてきません。

その結果、Bには業務上横領罪、Aは普通の横領罪が成立します。

占有なしC ←――→ 業務上占有者B

B：業務上横領罪
C：業務上横領罪

占有という身分がないCがいます。占有がないので、1人では横領行為ができません。

この人が、業務上占有者と一緒に横領行為をしたら、どうなるのでしょう。

C1人では犯罪ができないため、真正身分犯の処理になります。そのため、**Bの身分が全部下りてきます。業務者と占有者の身分が下りてくるため、Cに成立する犯罪は、業務上横領罪になります。**

ただ、これでは先ほどのAの事例とバランスがとれません。

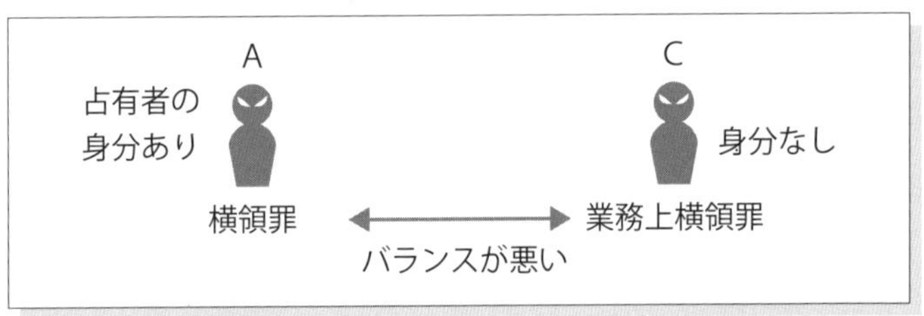

- 占有の身分を持っている者が、犯罪をすると単なる横領罪になる
- 一方、まったく身分を持っていない人が犯罪をすると業務上横領罪になり、重い罪になる

これはバランスが悪いため、判例は下記のような結論を出しました。

Point

Cに成立する犯罪	業務上横領罪（65Ⅰ）
Cに科す科刑	横領罪（65Ⅱ）

成立する犯罪と、刑罰を科す犯罪で分けたのです。

成立する犯罪は業務上横領罪、ただ、刑罰は普通の「横領罪の条文を上限に科す」としたのです。

先ほどの**Aとのバランスをとるために、成立する犯罪と科刑を分けるという、非常に稀な処理をしています。**

問題を解いて確認しよう

1	公務員でない者が公務員と共謀して賄賂を収受しても、収賄罪の共同正犯にはなり得ない。〔62-24-4（4-28-ウ、10-24-2）〕	×
2	常習賭博の賭博行為を幇助した場合、幇助者に賭博の常習性がなくても、常習賭博の幇助罪が成立するとするのが判例である。〔60-26-5（4-28-エ）〕	×
3	ＡＢは、共謀して、Ｂのみが業務上占有する金員を両名で着服消費した場合、Ａは業務上横領の刑で処断される。〔6-25-イ〕	×
4	顧客から委託を受けて現金1,000万円を業務上占有していた銀行員Ａは、業務とは無関係の知人Ｂと相談し、当該現金を横領しようと考え、Ｂに当該現金を手渡して横領し、その後、当該現金を二人で折半して費消した。この場合、Ｂには、業務上横領罪の共同正犯が成立し、刑法第65条第2項により単純横領罪の刑が科される。〔26-24-エ〕	○

×肢のヒトコト解説

1 真正身分犯なので、公務員という身分が下りてきます。

2 不真正身分犯なので、常習性の身分は下りてきません。

3 Ａに成立するのは業務上横領罪ですが、処断される刑罰は横領罪です。

事例	Ａについての処理
①殺人の共同正犯ＡＢの一人Ｂが被害者を誤認して殺害した場合	殺人罪の共同正犯

これは錯誤の論点、「頭で思ったことと、実際に起きた結果が違う」という論点です。

錯誤の論点では、頭で思ったことと、実際に起きたことの犯罪類型が同じかを判断します。

前記の事例では、頭で思った犯罪類型は殺人、実際に起きた犯罪類型も殺人なので、殺人罪として処罰します。

事例	Aについての処理
②窃盗を共謀したA・BのうちAが見張りをしている間にBが強盗を犯した場合	窃盗罪の共同正犯

Aが頭で思ったことが窃盗、ただ、実際に起きたことが強盗です。犯罪類型は同じではありませんが、似ている点がありますね。

人の物を取るという点です。

犯罪類型に似ている点があれば軽い方が成立することになるので、本事例では窃盗罪が成立します。

事例	Aについての処理
③暴行・脅迫を共謀した者ABのうち一人Bが殺意をもって被害者を殺害した場合	傷害致死罪の共同正犯

頭で思ったことは暴行罪ですが、実際に起きた結果が、殺人罪です。頭で思ったことには、「傷害罪・傷害致死罪」という結果的加重犯があり得ます。

結果的加重犯があるところまで考えると、犯罪類型は異なりますが、人の死が生じるという点では共通性があります。そのため、軽い方の傷害致死罪が成立します。

問題を解いて確認しよう

1	A及びBがCの殺害を共謀したが、BがDをCと誤認して殺害したときは、Aには、Dに対する殺人罪の共同正犯は成立しない。〔31-24-ア〕	×
2	傷害の意思で共謀した共犯者の一人が、殺意をもって被害者を殺害した場合には、殺意のなかった共犯者にも殺人罪の共同正犯が成立する。〔2-25-1（14-25-5)〕	×

3	AとBは、Cに対し、それぞれ金属バットを用いて暴行を加えた。その際、Aは、Cを殺害するつもりはなかったが、Bは、Cを殺害するつもりで暴行を加えた。その結果、Cが死亡した場合、殺意がなかったAには、Bとの間で殺人罪の共同正犯が成立するが、傷害致死罪の刑の限度で処断される。〔26-24-イ〕	×
4	ABは、甲方に盗みに入ることを共謀した。Aには窃盗の意図しかなかったが、Bは最初から強盗行為に及ぶつもりであり、そのことはAには秘していた。犯行に際し、Bが屋内に侵入して甲にナイフをつきつけ金員を強取したが、Aは、甲方の玄関先で見張りをしていて、Bの行為を認識していなかった。その後、手に入れた金員を2人で分配した場合、Aは強盗の刑で処断される。〔6-25-ア（61-25-2)〕	×

ヒトコト解説

1 実際に行った犯罪類型と、頭で思った犯罪類型は同じなので、殺人の故意が認められます。

2, 3 殺意がない方は、傷害致死罪になります。

4 窃盗罪の共同正犯になります。

これで到達！ 合格ゾーン

□ すでに乙は殺意を持っていると思ったXが、乙に対して銃を渡したところ（従犯の意思)、それによって初めて乙は殺意を抱き（教唆の結果)、殺害行為に出た場合、殺人罪の従犯が成立する。

★錯誤が異なる共犯形式にわたる場合には、そのなかの、軽い形式の共犯が成立すると解されています。つまり、共犯形式を重い方から、共同正犯>教唆>幇助と考え、軽いものが採用されるということです。

～罪を重複して犯した場合には、場合分けして考えましょう～

第5章 罪数と刑罰

ここでは、犯罪が何罪成立するのか、そして、2罪以上成立するときには、どのように刑罰を科すのかを見ていきます。
出題される論点は大体同じなので、理解しにくいところは丸暗記に走りましょう。

①一度の放火によって、5個の住宅を燃やした場合、現住建造物放火罪（108）が5回成立するのか？

②一度の発砲行為で10人を殺害した場合、殺人罪が10罪成立して、5年以上の懲役を10回受けるのか？

③空き巣をした場合、住居侵入罪と窃盗罪が成立して、3年＋10年の懲役を受けるのか？

上のような事例の場合、犯罪はいくつ成立するのでしょうか。また、罰はどのように科すのでしょうか。

次のフローチャートを見てください。

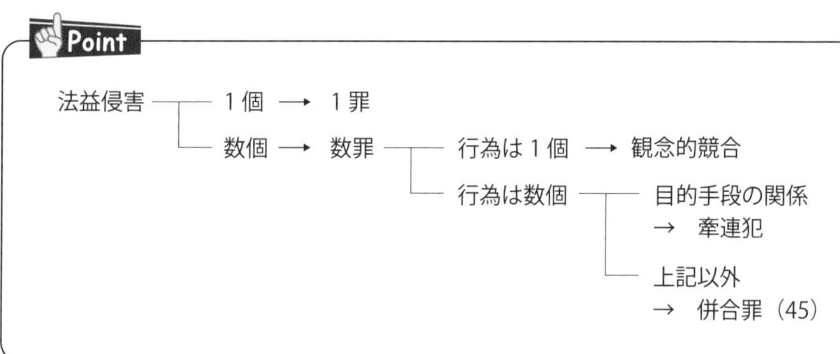

まず、法益侵害の数を数えて犯罪の数を決めていきます。法益侵害が2個であ

れば２罪、１個であれば、１罪です。

①一度の放火によって、5個の住宅を燃やした場合、現住建造物放火罪（108）が5回成立するのか？
→　現住建造物放火罪（108）が1罪成立する。

この事例の場合、法益侵害は１個とカウントします。

放火罪の保護法益は、燃やされた人の財産権よりも、みんなが迷惑するという点にあります。そのため、**1軒燃やされようが、隣のもう1軒が燃やされようが近隣住民の迷惑は1回です**。そこで、放火罪１罪となります。

フローチャートに戻ります。

法益侵害が数個あった場合は、数罪成立します。この場合、刑罰のかけ方に特色が出る場合があります。

それは、犯人が行った行為が１回しかない場合です。

行為が1回で複数の犯罪をした場合、観念的競合と扱われます。この観念的競合の場合には、刑罰を科すのは1つの条文でしかやりません。

②一度の発砲行為で10人を殺害した場合、殺人罪が10罪成立して、5年以上の懲役を10回受けるのか？
→　殺人罪が10罪成立し、199条を1回使って刑罰を科す。

例えば先ほどの②の事例です。この場合、殺人罪が10罪成立しますが、使う刑罰の条文は、199条の条文１回だけです。

フローチャートに戻ります。

行為が１回でなかった場合でも、さらに検討が必要です。やったことについて、目的手段の関係にあるかということをチェックすることになります。

目的手段の関係にあれば、牽連犯と扱われ、刑罰は重い条文1つだけを科します。

③空き巣をした場合、住居侵入罪と窃盗罪が成立して、3年＋10年の懲役を受けるのか？
→　住居侵入罪と窃盗罪が成立し、窃盗罪の条文のみで処罰する。

上記の事例では、住居侵入と窃盗というのは、窃盗のために住居侵入をしたという目的手段の関係にあります。この場合、牽連犯と扱われ、窃盗罪の条文だけで、刑罰を科すことになります。

この目的手段の関係になるもの、判例で認められている事例を押さえましょう。

牽連犯になる事例
①他人の住居に侵入して人を殺害した場合（大判明43.6.17）
②他人の住居に侵入して財物を窃取した場合（大判明45.5.23）
③他人の住居に侵入して財物を強取した場合（最判昭23.12.24）
④他人の住居に侵入して放火した場合（大判昭7.5.25）
⑤文書を偽造し、これを行使して詐欺を行った場合（大判大4.3.2等）
⑥有価証券を偽造しこれを行使して詐欺を行った場合（大判大3.10.19等）

牽連犯として認められているのは、上の事例だけです。

①～④、**住居侵入して何かした場合**です。

⑤⑥、**偽造（作る犯罪です）を行使（使う犯罪です）、詐欺（だまし取っている部分です）**、これも牽連犯にしています。

上記①～⑥以外は、牽連犯ではないと思ってください。

牽連犯にならない事例
①他人を監禁し恐喝した場合（最判平17.4.14）
②人を殺害し、その死体を遺棄した場合（大判明44.7.6）
③窃盗を教唆し、その盗品を買い受けた場合（大判明42.3.16）
④保険金目当てに放火をし、保険金を騙取した場合（大判昭5.12.12）

よく出るひっかけが、上記の④です。

保険金を取る目的で放火したと思うところですが、判例は、これを牽連犯にしていません。牽連犯という刑罰が軽くなる方向ではなく、併合罪という重い処罰にしています。

牽連犯にしている事例は覚える
→　それ以外は、牽連犯ではないとして処理する

目的手段の関係になっているかを考えるのではなく、ここは判例を覚えて当てはめるという作業だけをやってください。

先ほどのフローチャートに戻ります。

これまでのすべてに当たらなければ、併合罪という処理になります。併合罪にどういう処理がされるかは、試験で出題されないので無視しましょう。

この単元については、**出題された事例が「観念的競合・牽連犯・併合罪のどれに当たるか」が判断できれば大丈夫**です（その後、どう処理されるかは、試験では出題されません）。

問題を解いて確認しよう

1	殺人をし、その死体を遺棄した場合、牽連犯の関係が成立する。〔57-26-イ（26-25-イ）〕	×
2	私人であるAは、何の権限もないのに、私人であるBの名義の委任状を作成し、これを登記官に提出して行使し、B名義の不動産についての登記を申請した。この場合、Aに成立する私文書偽造罪と偽造私文書行使罪とは、観念的競合となる。〔26-25-ウ〕	×
3	放火をし、その対象物について保険金詐欺をした場合、牽連犯の関係が成立する。〔57-26-ア（3-28-エ）〕	×
4	業務上横領をし、その犯跡を隠蔽するため文書偽造をした場合、牽連犯の関係が成立する。〔57-26-エ〕	×
5	公務員であるAは、その職務に関し、Bが窃取した自動車であることを知りながら、Bからこれを賄賂として無償で収受した。この場合において、Aには、収賄罪と盗品等無償譲受け罪が成立し、両罪は観念的競合の関係に立つ。〔令3-26-エ〕	○

×肢のヒトコト解説

1　併合罪になります。

2　牽連犯になります。

3,4 併合罪になります。

これで到達！　合格ゾーン

☐ Aは、不法に他人の住居に侵入し、そこに居住するB及びCの２名を殺害した。この場合、Aに成立する住居侵入罪とB及びCに対して成立する各殺人罪とがそれぞれ牽連犯の関係にあり、これらは、併合罪となる。（最判昭29.5.27）。〔26-25-ア〕

★単にBとCを殺害した場合は、併合罪になります。これが住居侵入を軸にして２人を殺害することによって、住居侵入罪とそれぞれの殺人罪は牽連犯の関係として処理されることになります（かすがい現象と呼ばれます）。

2周目はここまで押さえよう

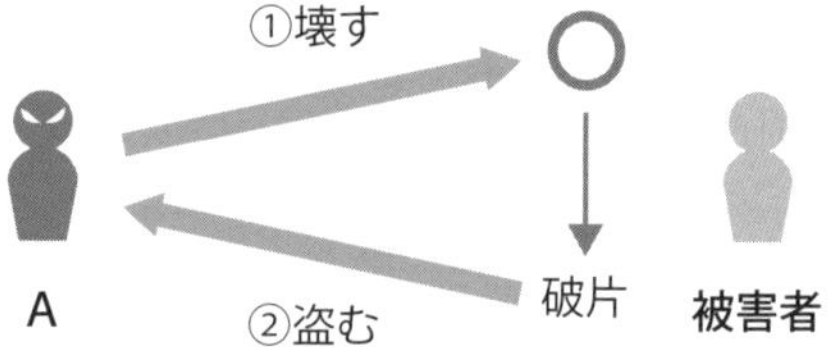

物を壊された後に、その物の破片を持っていかれました。行為だけ見ると、器物損壊罪と窃盗罪になっているように見えます。

ただ、犯罪の数は法益侵害の数で決まります。上記の事例、法益侵害は何個あるでしょう。

これは１個です。物を壊された時点で、物に対する法益は侵害されているため、その後、物の破片を盗っても、新たな法益侵害とはいえません。

◆不可罰的事後行為◆

犯罪（法益侵害）	→	犯罪（あらたな法益侵害なし）
		不可罰

このように、犯罪後に、別の犯罪をしても、それが新たな法益侵害にならない限り、犯罪にしないことにしています。

これを不可罰的事後行為といいます。

> その基本となる犯罪によって評価されない新たな違法状態が現出されたときは、別罪が成立する。

例えば、ナイフを盗んで、その盗んだナイフで人を刺した場合、ナイフを盗んだことによる法益侵害とは別に、刺された人の身体の法益侵害が生じています。そのため、窃盗罪と、傷害罪の２罪が成立します。

このように犯罪後の犯罪があった場合には、新たな法益侵害があったかどうかに注目して処理しましょう。

	問題	解答
☑1	窃取してきた他人の自転車を窃盗犯人が損壊した行為は、器物損壊罪を構成しない。〔元-27-エ（26-25-オ）〕	○
2	他人から財物を窃取した上、これを自己の所有物であると偽り、担保に供して第三者から金員を借り受けた場合には、窃盗罪だけが成立し、金員を借り受けた行為は詐欺罪を構成しない。〔7-24-エ〕	×
3	他人に窃盗を教唆し、その結果窃盗を実行した者を欺いて、その窃取した財物を交付させた場合には、窃盗教唆罪のほかに詐欺罪が成立する。〔7-24-オ〕	○
4	甲が、窃取した乙名義の銀行預金通帳及び届出印を利用して銀行から預金払戻し名下に現金の交付を受けた場合でも、不可罰的事後行為であるから詐欺罪は成立しない。〔59-28-4（7-24-ウ）〕	×

5	預かった財物を横領するため、その財物を自己に預けた人に嘘をついて返還を免れ、これを領得した場合、横領・詐欺の両方の罪が成立する。〔5-25-オ（56-28-2、59-28-2、63-27-2）〕	×
6	Aは、レンタルビデオを借りて保管していたが、自分のものにしたくなり、貸ビデオ店に対して、盗まれたと嘘をついてビデオを返さず自分のものにした。この場合、Aには、横領罪が成立する。〔20-27-オ〕	○
7	Aは、友人Bから借りて保管している傘の返還を求められたが、返すのが惜しくなったため、「借りた覚えはない。」と嘘をついて返還を免れた。この場合、Aには、横領罪が成立する。〔21-26-エ改題〕	○
8	お客を装い商品の衣類を試着したまま、便所に行くと偽って逃走した後、その衣類を損壊した場合には窃盗罪のみが成立する。〔54-27-5（2-24-エ、8-25-ウ）〕	○ 損壊は不可罰的事後行為

◆法律上の減免事由◆

	任意的	必要的
減軽のみ	①違法性の錯誤（38） ②**自首（42 Ⅰ）** ③告訴権者に対して自己の犯罪事実を告げ、その措置にゆだねた場合（42 Ⅱ） ④**障害未遂（43本文）** ⑤酌量減軽（66）	①**心神耗弱（39 Ⅱ）** ②**幇助犯（63）** ③身の代金目的略取等における解放（228の2）
免除のみ	①親族間の犯人蔵匿・証拠隠滅（105） ②放火予備（113） ③殺人予備（201） ④自動車の運転による業務上過失致傷（211 Ⅱ）※	①内乱予備・陰謀・幇助の自首（80） ②私戦予備・陰謀の自首（93） ③親族相盗（配偶者・直系血族・同居の親族間、244 Ⅰ・251・255） ④親族間の盗品等に関する罪（配偶者・直系血族・同居の親族間、257）
減軽又は免除	①過剰防衛（36 Ⅱ） ②過剰避難（37 Ⅰ但書） ③偽証罪の自白（170） ④虚偽告訴罪の自白（173）	①**中止犯（43但書）** ②身の代金目的略取等予備の実行着手前の自首（228の3）

※現：自動車の運転により人を死傷させる行為等の処罰に関する法律第５条。

刑事訴訟の判決では、法律上の刑罰より「軽くなる場合」「刑が成立するけど、罰を免除する場合」があります。

また、それが「裁判所の裁量で決めても、決めなくてもいい」場合もあれば、「必ず、そのような処理をしなければならない」場合があります。

これをまとめたのが上の図表です。

すべてを覚える必要はないので、赤字にしたものを、直前期に暗記するようにしてください。

いくつか、比較をしましょう。

障害未遂は、「任意的な減軽」となっていますが、**中止犯は「必要的な減軽・免除」**となっています。**未遂犯の要件に加えて、中止犯の要件までクリアすると恩恵が大きくなる**のです。

心神耗弱は「必要的な減軽」ですが、心神喪失（上の図には記載がありません）になると減軽・免除以前に**責任がないため、犯罪が成立しません**。

幇助犯は「必要的な減軽」ですが、教唆犯（前の図には記載がありません）は「正犯と同じ刑」を科することになっています。

問題を解いて確認しよう

1	中止未遂の刑は、任意的に減軽又は免除される。〔オリジナル〕	×
2	中止未遂については、実害の発生をできるだけ防止しようとの政策的理由から、必ず刑を減軽又は免除するものとされている。〔63-25-4〕	○

×肢のヒトコト解説

1　必要的な減軽・免除です。

次に先ほどの表の中の１つ「自首」を説明します。次の図を見てください。

◆ 自首 ◆

意義	犯人が捜査機関の取調べをまたずに自発的に自己の犯罪事実を申告し、その処分を求める行為
処理	自首が認められれば、刑は任意的に減軽される(42 I)。

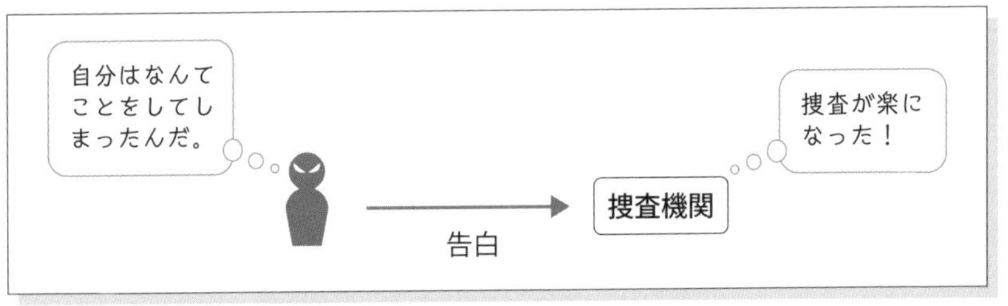

「自分が○○の犯罪をしました」と捜査機関に名乗り出ること、これが自首です。

出頭して、自首が成立する場合、裁判所は刑を減軽することができます。

自首をすることによって、**犯罪の捜査が易しくなった**という側面と、「なんて悪いことをしたんだ」という**後悔している**側面があるため、減軽事由にしているのです。

ただ、この自首は必要的な減軽事由ではなく、**任意的減軽事由**なので、必ずしも減軽が適用されるとは限りません。また、減軽事由にすぎず、**刑の免除までは受けられません**。

◆ 自首の要件 ◆

①罪を犯したこと
②捜査機関に発覚する前であること
③自発的に犯罪事実を、捜査機関に申告すること

①罪を犯したこと

犯罪をする前に、「自分は○○の罪を犯しました」なんてことは言えませんから、ある意味当然の要件です。

ちなみに、自首の要件となる犯罪は、その犯罪の種類がなんでも構いません(故意犯・過失犯、既遂・未遂・予備・陰謀など)。

②捜査機関に発覚する前であること

ここは場合分けが必要な部分です。

□＝未判明事実　■＝判明事実

a	□犯罪事実　□犯人　□犯人の所在	自首成立
b	■犯罪事実　□犯人　□犯人の所在	自首成立
c	■犯罪事実　■犯人　□犯人の所在	×
d	■犯罪事実　■犯人　■犯人の所在	×

aは、「殺人事件が起きていることが分からず、犯人も誰だか分からず、その犯人がどこにいるかも分からない」状態で、犯人が出頭して「○○という犯罪があったのですが、自分が犯人です」と名乗り出れば、自首は成立することを指しています。

bは、「殺人事件が起きていることが分かっているけど、犯人が誰だか分からず、その犯人がどこにいるかも分からない」状態で、犯人が出頭して「○○の犯罪の犯人は自分です」と名乗り出れば、自首は成立することを指しています。

cは、**「殺人事件が起きていることが分かっていて、犯人は□□さんと分かっているけど、その犯人がどこにいるかが分からない」状態で、犯人が出頭して「○○の犯罪の犯人は自分です」と名乗り出ても、自首は成立しない**ことを指しています。

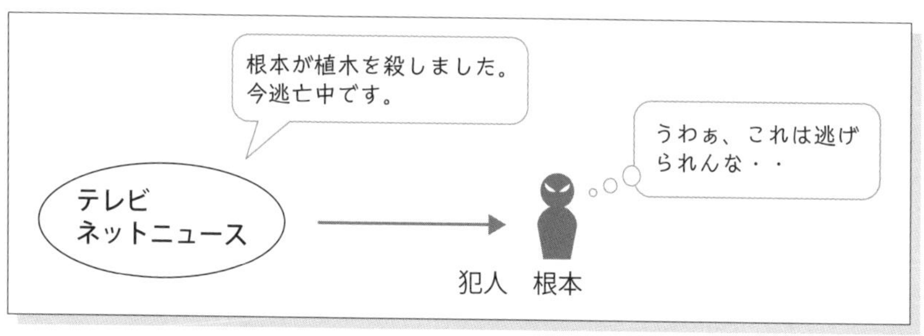

このような場合、「後悔している」ため自首をしたというよりも、**「もう逃げられない」から自首をした**ということが多いでしょう。そのため、自首の恩恵を与えないのです。

③自発的に犯罪事実を、捜査機関に申告すること

a　他人を介して犯罪事実を申告した場合（最判昭23.2.18）	自首成立
b　捜査機関の取調べに応じて申告した場合（大判昭10.5.13）	×
c　捜査機関ではない区役所の職員に生活保護費を詐取していた事実を申告し、自らの処置を委ねた場合	×

犯罪事実を、捜査機関に申告することが必要ですが、それは自分自身で行わなくても弁護士さんなどを通して、申告する場合でも自首が成立します（上の表のaです）。

ただ、この自首は**「自分から自発的に行うこと」が必要**で、捜査機関から「君が○○をやったんだね」という**取り調べ中に「自分がやりました」と話しても、自首にはなりません**（上の表のbです）。

そして、この**自首は捜査機関に対して行う必要があり**、**捜査機関でもない行政機関に「自分は○○という罪をしています」と言っても自首にはなりません**（上の表のcです）。

問題を解いて確認しよう

1	Aは、路上でBを殺害したが、そこには多数の目撃者がいた。Aは、逃げられないと観念し、警察署に出頭し、自己の犯罪事実を自発的に申告したが、たまたまその時点で警察はAがその殺人事件の犯人であることを把握していなかった。この場合、Aには、自首は成立しない。〔30-25-オ〕	×
2	Aは、Bを殺害した後に逃走した。警察は、捜査の結果Aがその犯人であることを把握したものの、Aの所在を全く把握することができなかった。Aは、犯行から10年経過後、反省悔悟し、警察に出頭して、自己の犯罪事実を自発的に申告した。この場合、Aには、自首は成立しない。〔30-25-ウ〕	○

3	Aは、窃盗により逮捕された際に、取調官Bが余罪の嫌疑を持ってAの取調べを行ったことが契機となって、反省悔悟し、その余罪についても供述した。この余罪については、Aには、自首は成立しない。〔30-25-ア〕	○
4	Aは、生活保護費を詐取していたが、その後、区役所の担当職員Bに対し、生活保護費を詐取していた事実を申告し、自らの処置を委ねた。この場合、Aには、自首が成立する。〔30-25-エ〕	×
5	Aは、殺人罪を犯した後、それが発覚する前に、友人Bを介して自己の犯罪を捜査機関に申告した。この場合、自首は成立しない。〔62-26-4改題〕	×
6	Aは、Bの財物を窃取したが、その後、警察に自首した。この場合Aの窃盗罪の刑は任意的減軽又は免除の対象となる。〔30-25-イ〕	×

×肢のヒトコト解説

1　犯罪事実が発覚していても、犯人が分かっていない状態であれば、自首となりえます。

4　捜査機関でないところに告白しても、自首になりません。

5　人を介して告白しても、自首となりえます。

6　任意的減軽事由に過ぎず、免除までは受けられません。

25条（刑の全部の執行猶予）

1　次に掲げる者が3年以下の懲役若しくは禁錮又は50万円以下の罰金の言渡しを受けたときは、情状により、裁判が確定した日から1年以上5年以下の期間、その刑の全部の執行を猶予することができる。

①　前に禁錮以上の刑に処せられたことがない者

②　前に禁錮以上の刑に処せられたことがあっても、その執行を終わった日又はその執行の免除を得た日から5年以内に禁錮以上の刑に処せられたことがない者

2　前に禁錮以上の刑に処せられたことがあってもその刑の全部の執行を猶予された者が1年以下の懲役又は禁錮の言渡しを受け、情状に特に酌量すべきものがあるときも、前項と同様とする。ただし、次条第1項の規定により保護観察に付せられ、その期間内に更に罪を犯した者については、この限りでない。

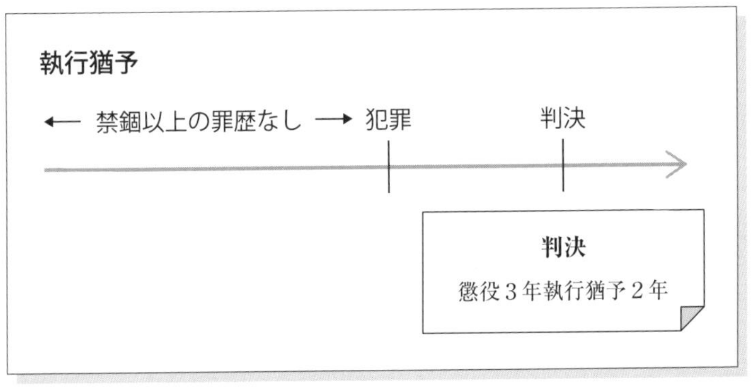

今まで禁錮以上の罪歴がない方が犯罪をして捕まって、判決を受けることになりました。この場合、懲役刑が３年までであれば、刑務所に入れない（刑の執行を猶予する）ことができます。

これが執行猶予判決です。

ただ、どんな判決でも、その執行を猶予できるわけではありません。

◆25条１項の執行猶予（1号）◆

過去の刑事処分歴	今回の宣告刑	保護観察
〈1号〉 前に禁錮以上の刑に処せられたことがない	①3年以下の懲役 ②3年以下の禁錮 ③50万円以下の罰金	任意的 （25の2 I 前段）

懲役だったら３年まで、禁錮だったら３年まで、罰金は50万円までだったら、猶予することができます。死刑などは猶予することができません。

そして、このパターンの場合、**保護観察を付けるかどうかは任意的**です（保護観察というのは、お目付け役というイメージでいいでしょう）。

この執行猶予ですが、今まで犯罪歴がない人だけが対象になっているわけではありません。次の図表を見てください。

◆ 25条1項の執行猶予（2号）◆

過去の刑事処分歴	今回の宣告刑	保護観察
〈2号〉 ①禁錮以上の刑に処せられたことがある ②その執行を終わり、又はその執行の免除を得た日から５年以内に禁錮以上の刑に処せられていない	①３年以下の懲役 ②３年以下の禁錮 ③50万円以下の罰金	任意的 （25の2 I 前段）

過去の犯罪歴があっても、そこから５年間に禁錮以上の刑に処せられていなければ、１号と同じ処理ができます。

懲役とか禁錮というのは、「真人間に戻すための教育」と考えてください。**教育を施した状態で、そのあと５年間禁錮以上の刑に処せられなかった場合は、真人間に戻ったと考えて**、先ほどの１号と同じ処理をするのです。

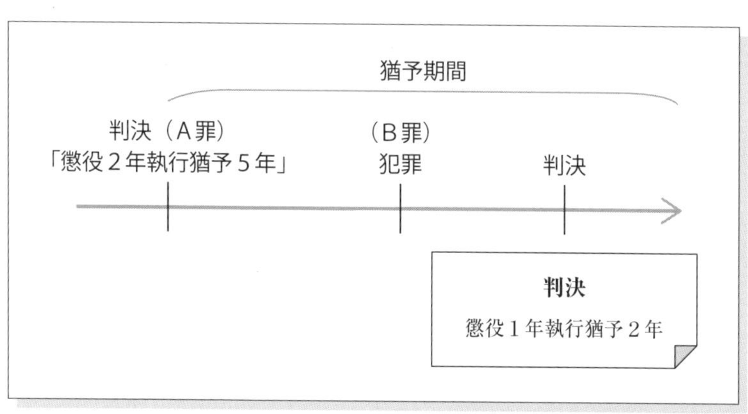

ある方が犯罪をし、執行猶予判決を受けました。その猶予期間中に、また犯罪をしたようです。この場合、相当な事情があれば、**もう１回執行猶予が付きます。**

◆ 25条2項の執行猶予 ◆

過去の刑事処分歴	今回の宣告刑	保護観察
①前に禁錮以上の刑に処せられ、その刑の全部の執行を猶予された ②当該執行猶予が保護観察付きのものでない ③当該執行猶予期間中に新たな罪を犯している ④執行猶予期間中に確定有罪判決を受ける場合である	①1年以下の懲役 ②1年以下の禁錮	必要的 (25の2)

ただし、猶予できるものは、非常に限定的です。**懲役であれば1年まで、禁錮も1年まで**です。また、**保護観察も必須で、必ず付ける**となっています。

そして、執行猶予が付くための要件は、かなり厳しくなっています。表の左側、過去の刑事処分歴を見てください。

②当該執行猶予が保護観察付きのものでない

もし今の執行猶予に保護観察が付いていた場合は、もう1回執行猶予は付きません。

保護観察というお目付け役の目を盗んで犯罪をしていたので、そのようなアクドイ方には、もう執行猶予を付けないのです。

③当該執行猶予期間中に新たな罪を犯している

④執行猶予期間中に確定有罪判決を受ける場合である

B罪を執行猶予期間中にしていて、B罪の判決を執行猶予期間中に受ける、この2つをクリアしないと、今回の条文の適用はありません。

例えば、執行猶予期間の前に犯罪をしていた場合は、この2項には該当しません。

この執行猶予は、仕組みが非常に複雑です。要件の理解にはまり込まないようにして、まずは次に載っている問題が解けるようにしましょう。

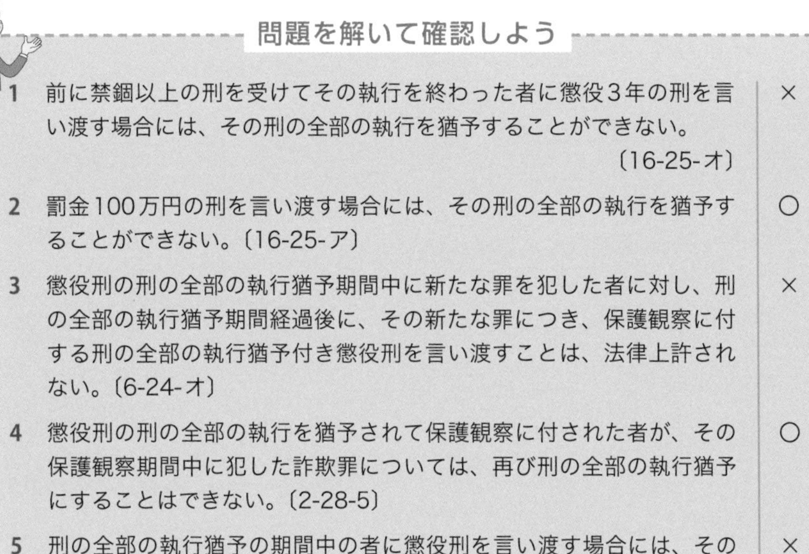

問題を解いて確認しよう

1	前に禁錮以上の刑を受けてその執行を終わった者に懲役3年の刑を言い渡す場合には、その刑の全部の執行を猶予することができない。〔16-25-オ〕	×
2	罰金100万円の刑を言い渡す場合には、その刑の全部の執行を猶予することができない。〔16-25-ア〕	○
3	懲役刑の刑の全部の執行猶予期間中に新たな罪を犯した者に対し、刑の全部の執行猶予期間経過後に、その新たな罪につき、保護観察に付する刑の全部の執行猶予付き懲役刑を言い渡すことは、法律上許されない。〔6-24-オ〕	×
4	懲役刑の刑の全部の執行を猶予されて保護観察に付された者が、その保護観察期間中に犯した詐欺罪については、再び刑の全部の執行猶予にすることはできない。〔2-28-5〕	○
5	刑の全部の執行猶予の期間中の者に懲役刑を言い渡す場合には、その刑の全部の執行を猶予することができない。〔16-25-イ〕	×

×肢のヒトコト解説

1 その執行を終わり、又はその執行の免除を得た日から5年以内に禁錮以上の刑に処せられていなければ、真人間に戻ったと考えて「3年以内の懲役刑」は猶予できます。

3 これは1項の執行猶予の処理になります。そのため、保護観察をつけて執行猶予をすることも、保護観察をつけずに執行猶予をすることも認められます。

5 2項の執行猶予の要件をクリアすれば可能です。

第3編 刑法各論

1つ1つの犯罪類型を規定する刑法各論に入ります。

刑法の各論は、誰の法益を守ろうとしているかという観点で3つに分類されています。

一人ひとりの法益を守りたいから、犯罪にしたグループ
みんなが迷惑するから、犯罪にしたグループ
国家の法益が害されるから、犯罪にしたグループ
すべての犯罪は、この3つに分かれています。

メリハリをつけて、学習すること
(出題実績のない犯罪・古い過去問しかない犯罪は後回しにしよう)

刑法に載っているすべての犯罪類型が、司法書士試験で出題されるわけではありません。

・全く出題がない犯罪
・出題はあっても、古い時代しかない犯罪

こういったものも多くあります。

短期合格を目指すには、こういった犯罪に時間をかけるのは得策ではありません。まずは、本書に掲載されている犯罪をしっかりと理解していきましょう。

第1章 個人的法益に対する罪（財産犯以外）

個人的法益に対する罪からの出題は、財産に対する犯罪とそれ以外に分かれます。
ここでは、それ以外について見ていきます。
「個人のどういった法益を保護しようとしているのか」を常に意識しながら、読むようにしてください。

第1節 身体に対する罪

204条（傷害）
人の身体を傷害した者は、15年以下の懲役又は50万円以下の罰金に処する。

208条（暴行）
暴行を加えた者が人を傷害するに至らなかったときは、2年以下の懲役若しくは30万円以下の罰金又は拘留若しくは科料に処する。

まずは、「暴力を振るってけがまでいけば傷害罪」、「けがまでさせなければ暴行罪」このように押さえましょう。

下の図を見てください。上2つの段が、まさにそれを示しています。

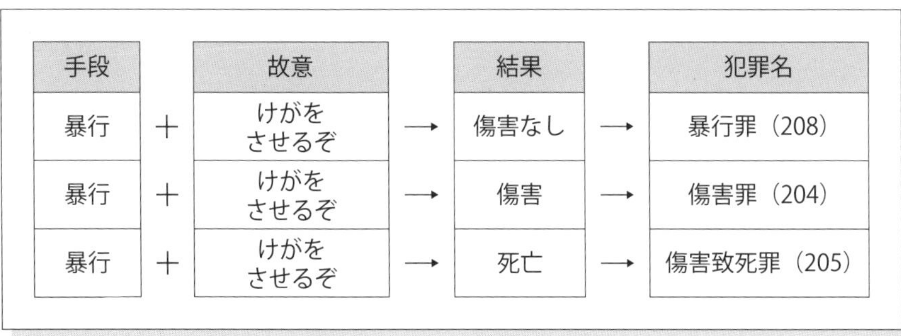

手段		故意		結果		犯罪名
暴行	＋	けがをさせるぞ	→	傷害なし	→	暴行罪（208）
暴行	＋	けがをさせるぞ	→	傷害	→	傷害罪（204）
暴行	＋	けがをさせるぞ	→	死亡	→	傷害致死罪（205）

一番下の段を見てください。これは**結果的加重犯**です。そのため、死という結果の認識がなくても犯罪になります（ちなみに、死の結果の認識があれば、199条の殺人罪です）。

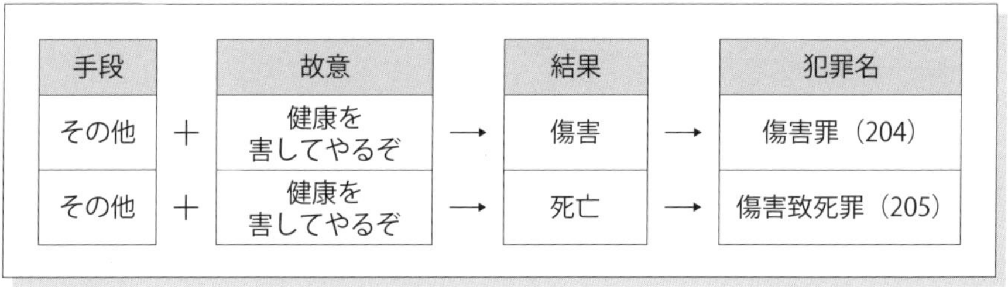

手段		故意		結果		犯罪名
その他	＋	健康を害してやるぞ	→	傷害	→	傷害罪（204）
その他	＋	健康を害してやるぞ	→	死亡	→	傷害致死罪（205）

けがをさせるだけではなく、健康を害することも傷害に当たります。**暴力を使う以外でも、他人の健康を害することは可能**です。

下の図を見てください。

- □ 給湯ポットに毒を入れて職員に飲ませ、下痢を起こさせた。
- □ 風邪薬を大量に飲ませて、肝機能障害に陥らせた。
- □ 自宅から隣家の被害者に向けて連日連夜ラジオの音声等を大音量で鳴らし続け被害者に慢性頭痛症等を生じさせた（最判平17.3.29）。

204条の条文を見てください。**208条と違って、「暴行を加えた」という文字が載っていません**。そのため、暴力以外でも傷害罪が認められるのです。

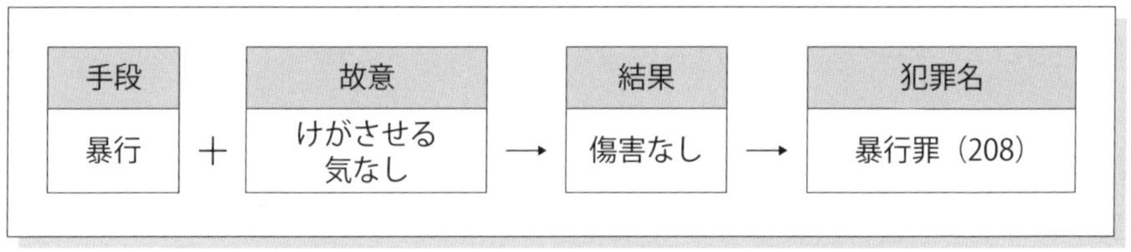

手段		故意		結果		犯罪名
暴行	＋	けがさせる気なし	→	傷害なし	→	暴行罪（208）

そもそも、けがをさせるつもりがないというパターンもあります。

その場合は、基本は暴行罪です。**けががなくても、相手を「ヒヤリ」とさせれば、暴行罪**になります。

暴行罪における暴行とは、人の身体に向けられた違法な有形力の行使であれば足り、人の身体に対して物理的に接触する必要はないため、狭い室内において、日本刀を振り回す行為は、たとえ脅かすつもりでも、暴行罪が成立する（最判昭39.1.28）。

このように相手を「ヒヤリ」とさせれば、暴行罪になります。

ちなみに当たった場合は、次の図のように処理します。

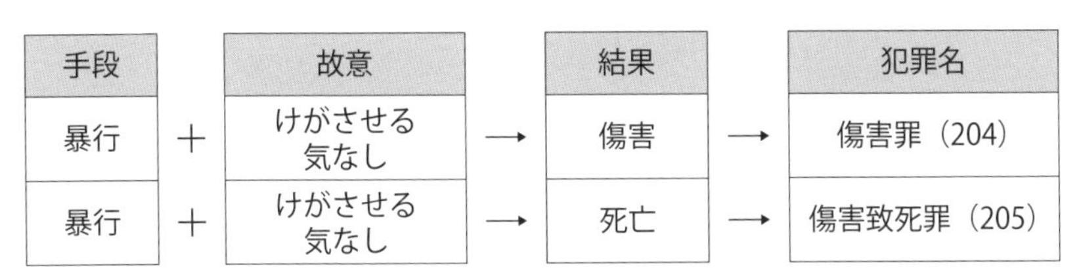

手段		故意		結果		犯罪名
暴行	＋	けがさせる気なし	→	傷害	→	傷害罪（204）
暴行	＋	けがさせる気なし	→	死亡	→	傷害致死罪（205）

これは**結果的加重犯と扱われて、結果の認識がなくても傷害罪、もしくは傷害致死罪**となります。

問題を解いて確認しよう

1	AがBの顔面を平手打ちしたところ、Bは、倒れ込んで片腕を骨折した。AがBにけがをさせようとは思っていなかった場合、Bの傷害はAが予想していた範囲を超えるから、Aには暴行罪しか成立しない。〔14-25-2（30-26-エ）〕	×
2	Aは、Bに傷害を負わせるつもりはなかったものの、故意にBを突き飛ばしたところ、これによりBが転倒してしまい、Bは、打ち所が悪く、頭部に傷害を負い、その傷害のために死亡した。この場合、Aには、傷害致死罪は成立しない。〔22-26-エ〕	×
3	Aは、狭い4畳半の室内においてBの目の前で日本刀の抜き身を多数回にわたり振り回したが、その行為は、Bを傷つけるつもりではなく、脅かすつもりで行ったものであった。この場合Aには、暴行罪は成立しない。〔22-26-ア〕	×
4	暴行により傷害の結果が生じることが傷害罪の成立要件であるから、Aが職場の給湯ポットに毒を入れて職員に飲用させ、下痢を起こさせた場合、Aには傷害罪は成立しない。〔14-25-4〕	×

5　Aは、Bの生理的機能に障害を引き起こさせようとして、Bに故意に風邪薬を大量に服用させ、肝機能障害に陥らせた。この場合、Aには、傷害罪が成立する。〔22-26-ウ〕　○

×肢のヒトコト解説

1　傷害罪は結果的加重犯なので、けがの認識がなくても成立します。

2　傷害致死罪は、結果的加重犯なので、死亡の認識がなくても成立します。

3　ヒヤリとさせる行為のため、暴行罪が成立します。

4　暴力以外でも、健康を害したので傷害罪が成立します。

第2節　業務に関する罪

211条（業務上過失致死傷等）
業務上必要な注意を怠り、よって人を死傷させた者は、5年以下の懲役若しくは禁錮又は100万円以下の罰金に処する。重大な過失により人を死傷させた者も、同様とする。

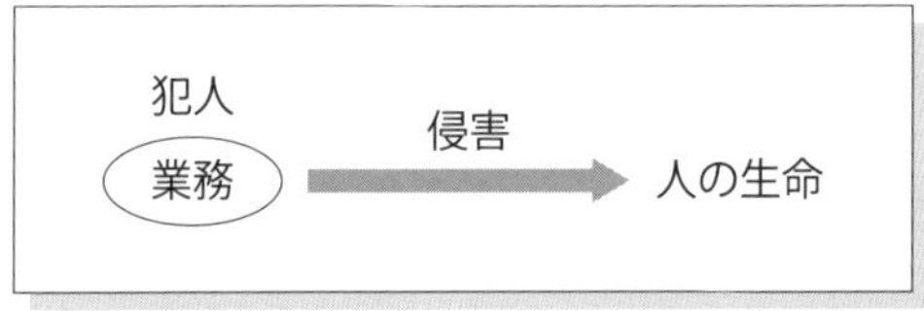

一定の業務者が人の生命を侵害する、これを罰するのが業務上過失致死傷罪です。

ただ、ここでいう**業務をお仕事と考えてはいけません。**

Point

生命の危険性がある　＋　反復継続する
→　重い注意義務を課す
→　重い注意義務を負っているものを業務者と呼ぶ

車の運転で人をはねた場合、昔はこの犯罪に該当していました（今は過失運転致死傷罪・危険運転致死傷罪で処罰されます）。

車の運転というのは、人の生命を脅かす危険があります。そして繰り返します。だからこそ、「思いっきり注意して乗りなさい」と注意義務が課せられています。

ここでいう**業務者というのは、重い注意義務を負っている人のことを指します**。211条は、重い注意義務を負っている人が、不注意でけがをさせたときを処罰する条文です。

いやしくも反復継続の意思でなされた以上、実際に反復継続して行われているものであることを要しない。

この反復継続というのは、反復継続の予定があれば構いません。

「運転免許を取る→その日いきなり事故を起こす」、これでもこの犯罪に当たるのです。

人の生命・身体の危険を防止することを義務内容とする業務も含まれる（最判昭60.10.21）。

例えば爆弾を管理する仕事を考えてください。爆弾の管理の仕事とは、爆弾を爆発させる仕事ではなく、爆発させないようにする仕事です。

「人の命に危険がある。そしてなおかつ反復継続する」に当たるので、これは業務になります。

親が家庭内で行う育児のような自然的ないし個人的生活活動は含まれない。

育児というのは反復継続しますが、人の命に危険を与えるような内容ではありません。そのため、子の育児は業務にはなりません。

業務という言葉を使う犯罪は、他にもあります。

> **233条（信用毀損及び業務妨害）**
> 虚偽の風説を流布し、又は偽計を用いて、人の信用を毀損し、又はその業務を妨害した者は、3年以下の懲役又は50万円以下の罰金に処する。
>
> **234条（威力業務妨害）**
> 威力を用いて人の業務を妨害した者も、前条の例による。

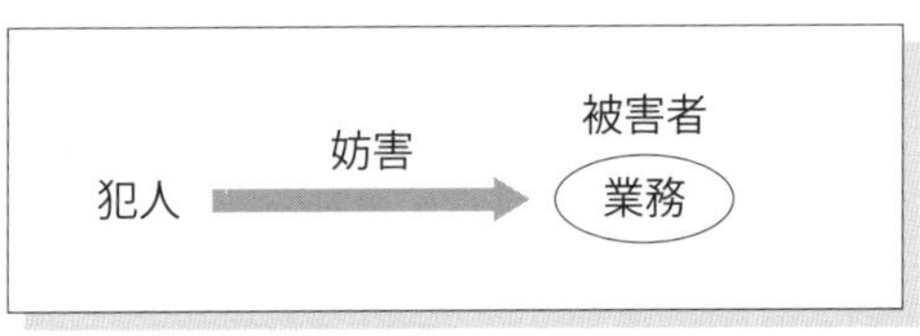

先ほどと違って、被害者側が業務です。業務を誰かが邪魔をした場合、邪魔する行為を罰するのが、業務妨害罪です。

ここでいう**業務というのは、お仕事**と思ってください。

> 業務というのに、収入を得る目的の行為である必要はない。

ボランティア活動と思ってください。ボランティア活動も守るべきお仕事なので、妨害すれば、この犯罪に当たります。

> 娯楽のために行われる狩猟や自動車の運転は業務には含まれない。
>
> 嫌がらせのために夜中に人家の前で大声を上げるなどしてその家の家人の睡眠を妨害しても、睡眠は業務とはいえない。

さすがにこの2つは守るべき仕事とは言えません。そのため、これを邪魔しても、業務妨害罪にはなりません。

> 業務妨害罪
> →　守るべきお仕事かどうかという観点で判断すること

この後の問題も、上記の観点で考えてみてください。

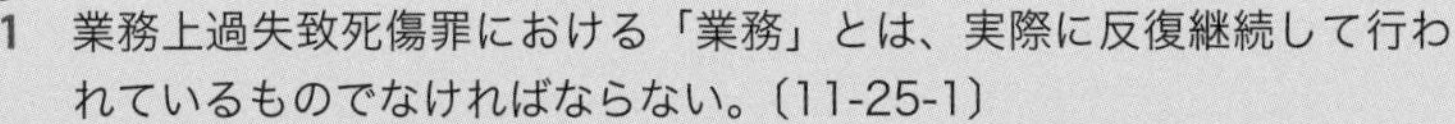

1	業務上過失致死傷罪における「業務」とは、実際に反復継続して行われているものでなければならない。〔11-25-1〕	×
2	業務上過失致死傷罪における「業務」には、他人の生命・身体に生ずる危険を防止することを目的とする職務は含まれない。〔11-25-3〕	×
3	業務上過失致死傷罪の「業務」には、親が家庭内で行う育児は含まれない。〔11-25-5〕	○
4	判例の趣旨に照らすと業務妨害罪における業務とは、職業その他社会生活上の地位に基づいて継続して行う事務又は事業をいうから、嫌がらせのために夜中に人家の前で大声を上げるなどしてその家の家人の睡眠を妨害しただけでは、業務妨害罪は成立しない。〔15-26-4〕	○
5	業務妨害罪における「業務」には、娯楽のために行われる自動車の運転も含まれる。〔11-25-4〕	×
6	業務妨害罪における「業務」とは、報酬又は収入を伴うものでなければならない。〔11-25-2〕	×

×肢のヒトコト解説

1 反復継続する意思があれば足り、実際に反復継続する必要はありません。

2 爆弾を管理する職務が当たります。

5 これは守るべきお仕事ではありません。

6 ボランティア団体の業務も、守るべきお仕事です。

第3節 住居侵入に関する罪

130条（住居侵入等）
　正当な理由がないのに、人の住居若しくは人の看守する邸宅、建造物若しくは艦船に侵入し、又は要求を受けたにもかかわらずこれらの場所から退去しなかった者は、3年以下の懲役又は10万円以下の罰金に処する。

人の住居に入るのは犯罪です。それは、なぜでしょう。

いろんな説明の仕方がありますが、司法書士試験的には、**生活の平穏のため**と考えるといいでしょう。他人がズカズカと自分の家に入ってきたら、平穏な生活は営めないため、犯罪にしていると考えるのです。

① 窃盗犯人が他人の住居の屋根に登った場合、屋根も「住居」であるから、住居侵入罪が成立する。 ② 建物に付随する囲繞地も含まれる(最大判昭25.9.27)。 ③ 警察署庁舎建物及び中庭への外部からの交通を制限し、みだりに立入りすることを禁止するために設置された高さ約2.4mの塀は、建造物侵入罪の客体に当たり、中庭に駐車された捜査車両を確認する目的で塀の上部に上がった行為は、建造物侵入罪を構成する(最決平21.7.13)。

屋根の上を他人に登られたり、自分の庭に他人が入ってきたり、塀を他人によじ登られれば、平穏な生活は営めません。そのため、上の①②③はすべて住居侵入罪が成立します。

Point

侵入すること
→ 他人の看守する建造物等に管理権者の意思に反して立ち入ること
(最判昭58.4.8)
※ 居住者・看守者の承諾又は推定的承諾があれば本罪不成立

侵入すること、つまり勝手に入ることが犯罪行為になります。そのため「入っていいよ」と言われて入れば、犯罪にはなりません。

ちなみにお店に入るときに、お店の人の承諾をもらっていますか？
普通、もらいませんよね。

これは、上のような「承諾が事前に店から出されている」と考えられているからです。だからお客として入る分には、住居侵入罪にはなりません。

これは推定的同意と呼ばれ、「被害者の現実的な同意はないが、**仮に被害者が事情を知っていたら同意したであろうという事情があった場合には、被害者の同**

意があったとする」処理になります。

親友のアパートを訪ねたところ不在であったが、表戸に鍵が掛かっていなかったので、親友の帰りを待つつもりで部屋に入った場合
→　推定的同意があったと扱われる。

「親友であれば、入っていいよ」という承諾があったものと考えてもいいところでしょう。この場合は、住居侵入罪は成立しません。

Aは、現金自動預払機の利用客のキャッシュカードの暗証番号を盗撮する目的で、現金自動預払機が設置された無人の銀行の出張所の建物内に立ち入り、小型カメラを取り付けた。

「盗撮するのなら入っていいよ」なんて承諾をしているとは思えません。この場合は、承諾があったとは扱われず、住居侵入罪が成立します。

問題を解いて確認しよう

1	Aは、窃盗の目的で、夜間、Bが経営する工場の門塀で囲まれた敷地内に入ったが、工場内に人がいる様子だったため、工場内に入るのを断念して立ち去った。この場合、Aには、建造物侵入の既遂罪は成立しない。〔23-25-イ（29-24-オ）〕	×
2	Aは、捜査車両の車種やナンバーを把握する目的で、警察署の庁舎建物と高さ約2.4メートル、幅（奥行き）約22センチメートルの塀により囲まれて、部外者の立入りが禁止され、塀の外側から内部をのぞき見ることができない構造となっている警察署の中庭に駐車中の捜査車両を見るため、当該塀によじ上って塀の上部に上がった。この場合、Aには、建造物侵入罪が成立する。〔23-25-オ（29-24-イ）〕	○
3	Aは、現金自動預払機の利用客のキャッシュカードの暗証番号を盗撮する目的で、現金自動預払機が設置された無人の銀行の出張所の建物内に立ち入り、小型カメラを取り付けた。この場合、Aには、建造物侵入罪が成立する。〔23-25-ウ（29-24-ア）〕	○

4	親友のアパートを訪ねたところ不在であったが、表戸に鍵が掛かっていなかったので、親友の帰りを待つつもりで部屋に入った場合、住居侵入罪は成立しない。〔58-26-3〕	○
5	Ａは、勤務先の同僚Ｂと飲酒した後、終電がなくなったため、Ｂとともにタクシーで B 方に行き、B 方に泊めてもらった。翌朝、Ａは、Ｂの財布がテーブルの上に置かれているのを見て、現金を盗むことを思い付き、Ｂがまだ眠っているのを確認してから、Ｂの財布から２万円を盗んだ。この場合、Ａには、住居侵入罪と窃盗罪が成立する。〔23-25-エ〕	×
6	Ａは、実父であるＢと共にＢ宅に居住していたが、数日前に家出をしていたところ、Ｂから金品を強取することについてＣ、Ｄ及びＥと共謀の上、Ｂ宅に、Ｃ、Ｄ及びＥと一緒に、深夜に立ち入った。この場合、Ａには、住居侵入罪は成立しないが、Ｃ、Ｄ及びＥには、住居侵入罪が成立する。〔29-24-エ〕	×

×肢のヒトコト解説

1 建物に付随する囲繞地に入った時点で住居侵入罪になります。

5 Ｂの意思に反して立ち入ったといえないため、住居侵入罪は成立しません。

6 犯罪をするという目的のため、推定的な承諾が認められません。

第2章 個人的法益に対する罪（財産罪）

令和7年本試験は
ここが狙われる！

これから窃盗罪、強盗罪など、財産を奪う犯罪を見ていきます。
この財産を奪う犯罪は、この司法書士試験で一番多く出ます（ほぼ毎年1問出題される論点です）。
特に、窃盗罪・詐欺罪については時間をかけて読むようにしてください。

第1節 窃盗罪

235条（窃盗）
　他人の財物を窃取した者は、窃盗の罪とし、10年以下の懲役又は50万円以下の罰金に処する。

Point
窃盗罪は、占有を保護法益とするから、他人が占有することが必要である。

窃盗罪の保護法益は所有権ではなく、占有権です。他人の占有権を侵害することを犯罪にしています。
下記の事例を見てください。

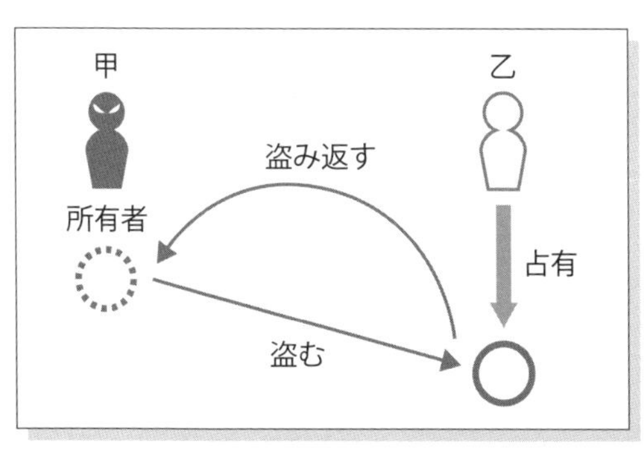

自分の物を盗まれた後、盗んだ犯人を見つけました。本来は民事訴訟等の手続をとって奪い返すべきです。

所有者の甲はそういう手続をとらず、乙から盗み返しました。

所有権の侵害はしていませんが、**乙の占有の侵害をしたため、所有者の甲は窃盗罪になります**。

このように、**窃盗罪の保護法益は所有権ではなく、占有権なのです**。

窃盗罪
→ 誰が占有しているかを、見抜くこと

占有状態	所有状態	行為	成立する犯罪
他人が占有する	他人の財物	取る・処分する	窃盗罪(235)
他人が占有する	自己の財物		窃盗罪(235)
自己の占有する	他人の財物		横領罪(252)
自己の占有する	自己の財物		×
誰の占有でもない	他人の財物		遺失物横領罪(254)
誰の占有でもない	自己の財物		×

他人の占有を侵害すれば、窃盗です。

一方、他人の所有物を自分が占有している状態で、それを売ったり、自分の懐に入れる行為は横領になります。例えば預かった物を売却する、預かった物を使い込んだ場合は横領罪になります。

そして、誰の占有でもない他人の物を取った場合（例えば、落し物を取った場合）には、遺失物横領罪になります。

このように、**誰が占有するかによって犯罪類型が違っています**。

問題を解いて確認しよう

1 金融業者であるAは、Bとの間で、B所有の自動車の買戻特約付売買契約を締結して代金を支払い、その自動車の管理者は引き続きBとしていたが、Bが買戻権を喪失した後、密かに作成したスペアキーを利用して、Bに無断でその自動車をBの駐車場からAの事務所に移動させた。この場合、Aには、窃盗罪は成立しない。〔28-25-エ〕 ×

ヒトコト解説

1 所有者Aの引き揚げ行為は、Bの占有を侵害しているので、窃盗罪になります（最決平1.7.7）。

では事案ごとに、誰が占有しているかを見ていきましょう。

	占有の事実の有無
電車の中に置き忘れた財物（電車の運行中）	誰の占有にも属さない
電車の中に置き忘れた財物（回送中）	鉄道会社の占有あり

電車の中にあるものは、誰かの支配下にあるでしょうか。

電車というのは人の出入りが激しいため、誰かの支配下にある状態とは言えません。したがって、電車の中の忘れ物を取った場合は遺失物横領になります。

ただし、その電車が回送中になれば話は別です。もはや**誰も入ってくることができないため、その忘れ物は鉄道会社の支配下に置かれます**。それを取れば鉄道会社の支配を侵害したことになるので、窃盗罪になります。

	占有の事実の有無
財物を自宅に置いて外出した場合	その者に占有あり
酔って、公道上においたが、その場所を忘れてしまったAの自転車	占有者なし

自分の家に置き忘れている場合、自分の家の中のものは自分の支配下にあります。それを取れば、窃盗罪になります（これが空き巣が、窃盗になるというロジックです）。

一方、公道に置いてきてしまったという場合では、公道は自分の支配下にはないので、占有は認められません。

それを取ることは、遺失物横領罪になります。

	占有の事実の有無
バスを待っている間に数メートル移動し、所有者Aから離れた物	所有者に占有あり（最判昭32.11.8）

数メートル離れているぐらいでは支配が外れません。だから、これを取った場合は窃盗罪になります。

	占有の事実の有無
ゴルフ場の池に沈んでいるロストボール（回収予定がある）	ゴルフ場経営者に占有あり（最判昭62.4.10）

ポイントは、回収予定がある点です。

ゴルフ場は屋外にあるため、本来は誰かの支配下にあるとは言えません。

ただ、**後々回収する予定があることから、ゴルフ場経営者に支配があると判例は認めました**。そのため、これを取った場合は、窃盗罪になります。

	占有の事実の有無
旅館主が客に提出した丹前やゆかた	客が着用している間も旅館の主人にも占有あり
衣料品店で試着した洋服（をトイレに行くと偽ってその占有を奪った場合）	店主にも占有あり（→窃盗罪）

確かに犯人自身の支配下にあるかもしれませんが、店内にあるため旅館主、お店の支配下にもあります。

これを処分することは、窃盗になります。

自分に占有があろうが、とにかく他人の占有を侵害すれば、その時点で窃盗罪になります。

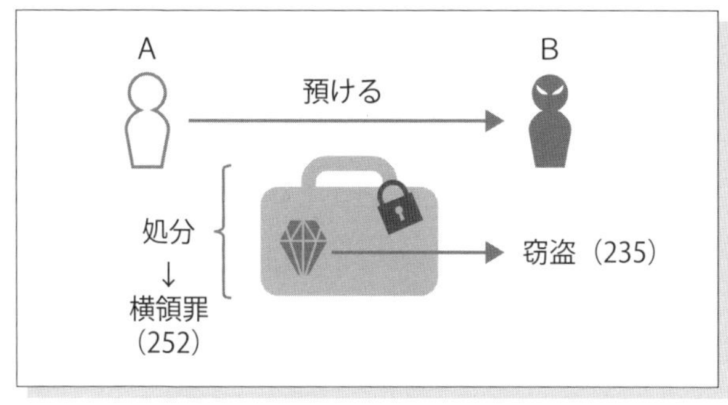

AがBに高額なかばんを預けています(中には宝石が入っています)。そのかばんには鍵がかかっています。

ここでかばんを預かったBが、**中を抜き取れば窃盗罪、全部を売ってしまえば横領罪**になります。

ちなみに、窃盗罪と横領罪では、窃盗罪の方が刑罰は重くなっています。

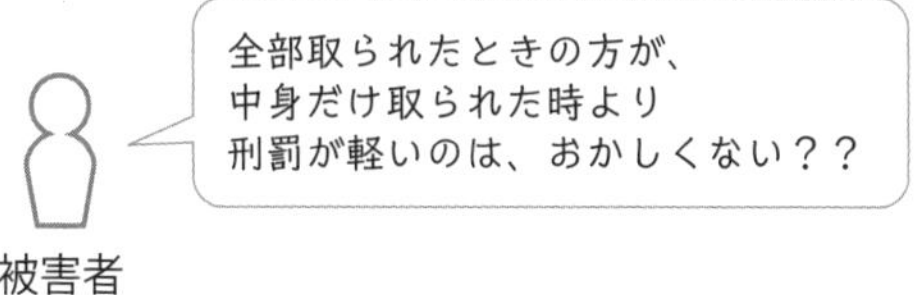

全部取られたときの方が、
中身だけ取られた時より
刑罰が軽いのは、おかしくない??
被害者

被害者の感覚でいくと、こういう疑問が生じるところです。

ここのポイントは、**鍵がかかっているという点**にあります。

鍵がかかっているということは、Bは中身が分かりません。**中身が分からないものを、Bが支配できているとは言えません。**

だから中身は、Aの占有になり、その中身を奪い取るというのは、他人の占有を侵害することになるので、窃盗罪になります。

一方、かばん全体はBが預かっているので、かばん全体の支配はBにあるといっていいでしょう。だから、それを取れば横領罪となるのです。

これは、ＡとＢが共同所有している物です。

ここでＡが処分した場合に、Ａに何罪が成立するのでしょうか。

	占有者	Ａが勝手に処分した場合に成立する罪
ケース1	AB	窃盗罪
ケース2	B	窃盗罪
ケース3	A	横領罪

Ｂが占有しているかどうかで決まります。自分が占有をしていようが、していまいが、**他人Ｂの占有を侵害すれば窃盗罪**になります。

問題を解いて確認しよう

1	電車で帰宅中、他の通勤客が網棚の上に鞄を置いたまま途中の駅で降りたのを確認した上で、終着駅でそれを取得した場合、窃盗罪が成立する。〔8-25-エ（2-24-イ）〕	×
2	宿泊先の旅館の客室で前日の宿泊客が置き忘れた財布を発見し、これを取得した場合、窃盗罪が成立する。〔8-25-オ〕	○
3	Aが、古着屋で顧客を装い、衣類を試着したまま便所に行くと言って逃走した。この場合、Aには窃盗罪が成立する。〔オリジナル〕	○
4	郵便集配人が、配達中の信書を開けて在中の小切手を取り出し、取得した場合、窃盗罪が成立する。〔8-25-ア〕	○
5	AはBから現金の入った鞄の保管を頼まれ、預かっていたが、鍵を開けて中の現金を取り出して、遊興費に費消した。Aには横領罪が成立する。〔9-25-エ〕	×

6	ゴルフ場で、池の中に落ちたまま放置されたいわゆるロストボールは、仮に、そのゴルフ場において、後に回収し、ロストボールとして販売することになっていたとしても、もともとは客が所有していたボールであり、客が所有権を放棄したのであるから、無主物であって、これを盗んでも窃盗罪にならない。〔20-26-ウ（令4-26-ウ）〕	×
7	AはBと共有の自転車を一人で保管していたが、これを質に入れた。Aには横領罪が成立する。〔9-25-イ〕	○
8	AはBと共同で借りていたCの自動車を一人で勝手に持ち出し、質に入れた。Aには窃盗罪が成立する。〔9-25-ア（令4-26-オ）〕	○

×肢のヒトコト解説

1 人の出入りがあるので、まだ誰の支配にもありません。そのため、窃盗罪ではなく、遺失物横領罪が成立します。

5 中身を取り出しているので、窃盗罪です。

6 後に回収する予定があるので、このボールはゴルフ場に占有があります。

これで到達！ 合格ゾーン

□ Aは、湖の一部を区切って造られたBの生け簀から湖に逃げ出した錦鯉を発見し、Bが養殖している錦鯉であると認識しながら、これを自分のものにするため捕獲した。この場合、Aには、窃盗罪が成立しない（最決昭56.2.20）。

★広大な湖沼に逃げ出していることから、飼養主の事実上の支配は認められません（ちなみに、錦鯉には帰還の習性がありません）。そのため、飼養主の占有を侵害したとはいえないのです。

□ 海中に落とした物について落とし主が落下場所のおおよその位置を示してその引揚げをAに依頼した結果、その付近で目的物が発見され、それをAが領得した。この場合、Aには、窃盗罪が成立する（最決昭32.1.24）。

★海中にある物ですが、「おおよその位置を示して」という点から、落とし主の占有を認めました。そのため、それを取る行為は、落とし主の占有を侵害する行為となります。

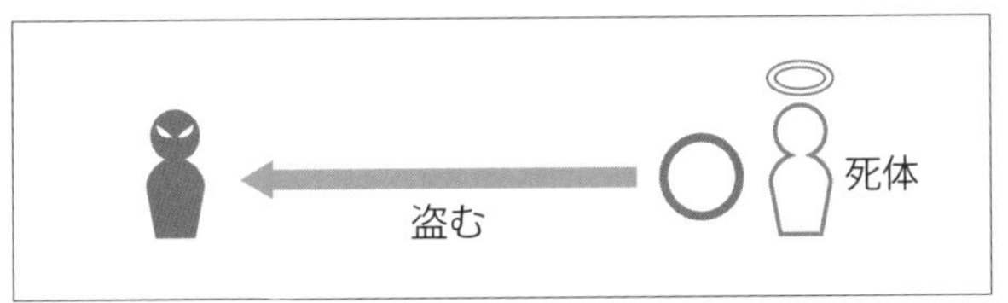

人の死体から時計を取った場合、これは何罪になるのでしょうか。死体には意思がないため、支配しているとは考えられません。

そのため、**死体から物を取る行為は遺失物横領罪**になります。

ただ、下記のような事例では異なります。

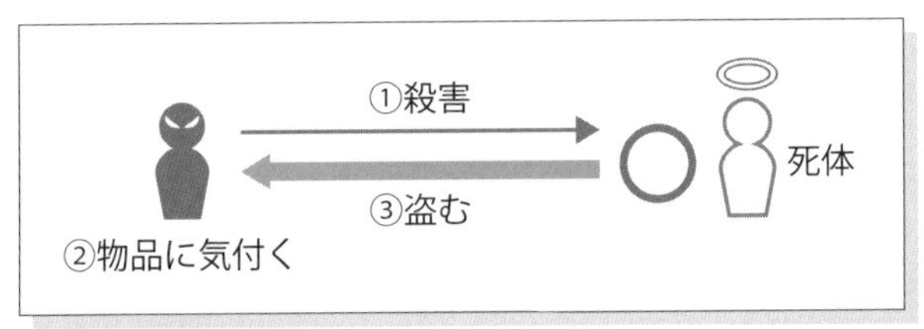

殺害した本人が、殺害された者から取る場合、これが殺害直後に行われた場合には**「生前の占有を侵害した」**と考えて、窃盗罪を認めるのが判例です。

殺害者が、殺害直後に取るという点がポイントです。**この２点を満たしていれば、窃盗罪、どちらかを満たしていなければ、遺失物横領罪で処理**してください。

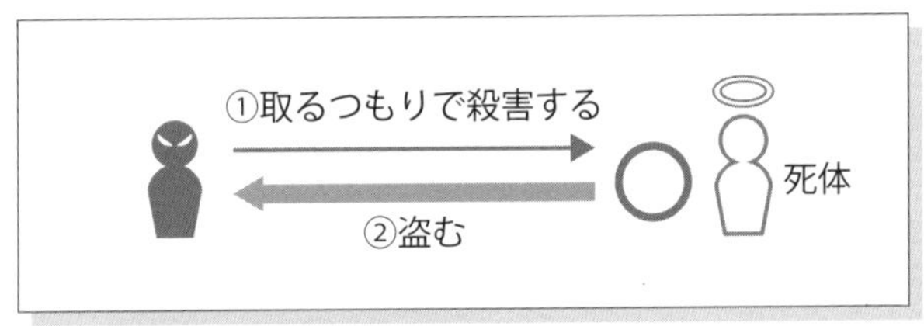

上記のように、そもそも「物を取るつもりで殺害した」場合には、強盗殺人罪という重罰になります（刑罰は、無期懲役か死刑しかありません）。

以上のものをまとめると、次の図表のようになります。

◆ 窃盗罪　死者の占有 ◆

	事例	Aの罪責
①	Aが野外においてBを殺害した直後に領得の意思が生じ、Bが身に付けていた時計を奪取した。	殺人罪・窃盗罪
②	Aが野外においてBを殺害した後に、第三者Cが、Bが身に付けていた時計を奪取した。	遺失物横領罪
③	Aが当初からBの時計を奪取する意思で、Bを殺害し、その後Bが身に付けていた時計を奪取した。	強盗殺人罪

問題を解いて確認しよう

1	長年恨んでいた知人を殺害するため、深夜、同人が一人暮らしをするアパートの一室に忍び込んで、寝ている同人の首を絞めて殺害し、死亡を確認した直後、枕元に同人の財布が置いてあるのが目に入り、急にこれを持ち去って逃走資金にしようと思い立ち、そのまま実行した場合、持ち主である知人は死亡していても、占有離脱物横領罪ではなく、窃盗罪が成立する。〔20-26-ア〕	○
2	Aは、B女に対し、暴行を用いて性交をした後、犯行の発覚を恐れてB女を殺害し、死体を埋めたが、その際、同女の腕に腕時計がはめられているのを見て、これを自分のものにするつもりで、もぎ取った。この場合、Aには、窃盗罪は成立しない。〔オリジナル〕	×
3	Aは、かねてからうらみを抱いていたBを殺害し、その後、その場所でBの財物を奪取する犯意を抱き、Bの財物を奪取した。この場合、Aには、強盗殺人罪は成立しない。〔22-25-オ〕	○
4	Aは、夜道を歩いていた際、Bが路上でCに対して激しい暴行を加え同人を死亡させたのを見て、Bが立ち去った後に、倒れているCのかばんからCの財布を領得した。この場合、Aには、窃盗罪は成立しない。〔オリジナル〕	○

×肢のヒトコト解説

2　殺害者が殺害直後に取っているので、窃盗罪になります。

窃盗罪　実行の既遂時期
他人の占有を排除して行為者又は第三者の占有に移したとき

人の占有を侵害する、つまり「被害者の占有を奪って」、「自分の支配を確立させたとき」に既遂となります。

実際に既遂になる時期は、取る物の大きさと、警備の厳しさで変わります。

具体例	既遂時期
①留守宅からの窃盗であって、客体が住居から搬出することが他人に怪しまれるような形状の財物（家具・テレビ等）である場合	荷造りをして出口へ運んだ時
②警戒の厳重な工場の構内にある倉庫から容易に搬出できない体積・重量の財物を窃取した場合（大阪高判昭29.5.4）	原則として、構外に搬出した時

このように、**警備が緩い家の中であれば、外に出さなくても支配が確立する**のに対し、**警備が厳しいような場所では、その厳しい場所から抜け出せないと、自分の支配は確立しません**。

具体例	既遂時期
③商店で靴下を万引きした場合（大判大12.4.9）	ポケットに入れた時
④スーパーマーケットの商品を盗む場合（東京高判平4.10.28）	商品を買物かごに入れ、レジ脇からレジの外側に持ち出した時

ここでのポイントは商品が小さいという点です。商品が小さければ、かなり早い段階で自分の支配下におけます。そのため、ポケットの中に入れたり、レジの外まで出たところで既遂となるのです。

具体例	既遂時期
⑤他人の家の浴室内で取得した指輪を後で取りに戻るつもりで浴室の隙間に隠した場合（大判大12.7.3）	隠した時

犯人自身は物を持っていません。ただ、**どこにあるかは犯人しか分かっていな**

いため、これで支配が確立したことになります。

具体例	既遂時期
⑥他人の家の前に施錠して置かれている自転車を窃取した場合（大阪高判昭25.4.5）	錠をはずして方向を変えた時
⑦自動車窃盗（広島高判昭45.5.28）	駐車場所から付近の道路まで移動させエンジンを掛けていつでも発車しうる状態においた時

乗り物関係についての基準は、発車できる状態になったかどうかです。乗り物が発車されれば、他の人は生身で止めることはできません。そのため発車できる状態になったところで、既遂になるのです。

問題を解いて確認しよう

1	家人が不在中の居宅に侵入して、物色した品物のうちから衣服数点を選び出し、これを持参した袋に詰めて荷造をして勝手口まで運んだところで、帰宅した家人に発見された場合、窃盗罪は既遂とならない。〔12-26-2〕	×
2	他人の家の玄関先に置いてあった自転車を領得する意思で、これを同所から５～６メートル引いて表通りまで搬出したところで、警察官に発見されて逮捕された場合、窃盗罪は既遂とならない。〔12-26-4〕	×
3	ブロック塀で囲まれ、警備員により警備された敷地内にある倉庫に侵入し、中のタイヤ２本を倉庫外に搬出したところで、敷地内において当該警備員に発見された場合、窃盗罪は既遂とならない。〔12-26-5〕	○
4	公衆浴場で他人が遺留した指輪を発見し、これを領得する意思で、一時、浴室内の他人が容易に発見することができないすき間に隠匿したところで、不審に思った他の客に発見された場合、窃盗罪は既遂とならない。〔12-26-3〕	×
5	スーパーマーケットの店内において、商品を同店備付けの買物かごに入れ、レジを通過することなく、その脇からレジの外側に持ち出したところで、店員に発見された場合、窃盗罪は既遂とならない。〔12-26-1〕	×
6	Aは、スーパーマーケットの店内で、ガムを万引きしようと考え、商品であるガム１個を自己の上着の内ポケットに入れた。Aがそのガムを店外に持ち出す前に犯行を目撃した警備員に捕まった場合、Aには窃盗未遂罪が成立し、窃盗罪は成立しない。〔令4-26-ア〕	×

×肢のヒトコト解説

1　不在中であり、物も小さいことから室内で持ち運べる状態になったところで既遂になります。

2　表通りまで搬出すれば既遂になります。

4　容易に発見できないところに隠した時点で既遂です。

5　レジの外まで行けば既遂になります。

6　ガムという小さい物なので、ポケットの中に入れた時点で支配が確立します。

◆ 窃盗罪 不法領得の意思 ◆

意義	窃盗罪における故意とは別の主観的要件
不法領得の意思の内容	①権利者を排除する意思 ②利用若しくは処分する意思

窃盗罪が成立するには、「物を取るぞ」という故意が必要ですが、それに加えて、不法領得の意思が必要になります。

あいつにはもう
使わせないぞ！

権利者排除意思

自分があの物を
使うぞ！

利用処分意思

具体的には、上の図の２つの意思が必要になっています。

なぜ、このような意思を要求したのでしょうか。それは、次の２つの事例を窃盗罪にしたくないからです。

隣にいる人の承諾を得ずに六法を使用する行為（後に戻す）
→　可罰性なし

他人の占有を排除して、自分の占有を確立していますが、**直ぐに所有者に返しています。これを窃盗罪にする必要はない**でしょう。

そこで、窃盗罪では不法領得の意思を必要としました（この事例では、権利者を排除する意思がないので、窃盗罪となりません）。

他人の家から壺を盗み、その後、壺を壊した
→　器物損壊罪

壺を取ったところで窃盗罪になると思うところですが、器物損壊罪という別の犯罪になります。**器物損壊罪と区別をつけるために、不法領得の意思を要求しました**（この事例では、盗んだ物を利用する意思がないため、窃盗罪にはなりません）。

不法領得の意思あり	不法領得の意思なし
①乗り捨てる意思で他人の船を奪取した場合（最判昭26.7.13） ②元の場所に戻しておくつもりで４時間あまり他人の自動車を無断で乗り回した場合（最決昭55.10.30）	③乗り捨ての意思なく（短距離・短時間）他人の自転車を一時利用した場合（大判大9.2.4）

人の物を使う場合に、これが窃盗になるかどうかについての場合分けが必要です。

乗り捨てる意思があれば、権利者排除意思が認められます。

一方、乗り捨てる意思がなくても、**長時間・長距離使う場合は、権利者排除意思が認められます**。

長時間・長距離使うことによって自動車の価値が下がります。この価値を下げるという意思があれば、権利者排除意思が認められるのです。

不法領得の意思あり	不法領得の意思なし
①会社員が会社の機密資料を無断で社外に持ち出して転職先の会社に譲渡する意図でコピーを作成して約２時間後に原本を元の保管場所に戻した場合（東京地判昭55.2.14） ④性欲を満たすため、隣家に住む女性がベランダに干していた下着を持ち去り、自宅に保管していた場合（最判昭37.6.26）	②校長を困らせる目的で学校に保管してある教育勅語謄本を持ち出し教室の天井裏に隠匿した場合（大判大4.5.21） ③嫌がらせ目的のために、勤務先の同僚が毎日仕事に使う道具を持ち出して水中に投棄した場合

①の事例

これは価値を下げる意思があります。機密資料は誰にも知られていないから価値がありますが、これが**コピーされて出回れば、その資料の価値が落ちてしまいます**。

②③の事例

隠すつもり・捨てるつもりしかないので、利用処分意思が認められません。

利用処分意思については、**壊すつもり・隠すつもりがなければ、要件はクリアする**と思ってください。

④の事例

性欲を満たすという毀棄・隠匿の意思以外の目的を有することから、不法領得の意思は認められます（下着の本来の使用用途ではありませんが、これでも利用処分意思を認めます）。

問題を解いて確認しよう

1	一時使用の目的で他人の自転車を持ち去った場合、使用する時間が短くても、乗り捨てるつもりであったときは、不法領得の意思が認められるので、窃盗罪が成立する。〔19-26-ア〕	○
2	後刻、元に戻しておく意思で友人の自転車を短時間無断で借用しても窃盗罪は成立しないが、会社のコピー用紙を使用してコピーをとり、その内容を他にもらす目的で持ち出しの禁止された秘密資料を持ち出した場合には、そのあと直ちに元の場所へ返還する意思があっても、窃盗罪が成立する。〔61-27-ア改題〕	○
3	一時使用の目的で他人の自動車を乗り去った場合、相当長時間乗り回すつもりであっても、返還する意思があったときは、不法領得の意思は認められないので、窃盗罪は成立しない。〔19-26-イ（28-25-イ）〕	×
4	水増し投票をする目的で投票用紙を持ち出した場合、経済的利益を得る目的がなくても、不法領得の意思が認められるので、窃盗罪が成立する。〔19-26-エ〕	○
5	Aは、友人Bの部屋に遊びに行った際、B所有のカメラが高価なものだと聞き、Bが席を外した隙に、自分のかばんに入れて持ち帰った。Aは、このカメラを自分で使うか、売ることを考えていたが、どちらにするか確たる考えはなかった。この場合、不法領得の意思が認められるので、窃盗罪が成立する。〔23-26-ア〕	○
6	嫌がらせのために、勤務先の同僚が毎日仕事に使う道具を持ち出して水中に投棄した場合、不法領得の意思が認められるので、窃盗罪が成立する。〔19-26-オ（2-24-オ、23-26-オ）〕	×

7	Aは、性欲を満たすため、隣家に住む女性がベランダに干していた下着を持ち去り、自宅に保管していた。この場合、不法領得の意思が認められないので、窃盗罪は成立しない。〔23-26-ウ〕	×

×肢のヒトコト解説

3　長時間乗り回すため、価値が下がります。そのため、権利者排除意思が認められます。

6　毀棄の意思のみしかないので、不成立になります。

7　利用する意思が認められるため、窃盗罪が成立します。

2周目はここまで押さえよう

◆ あとで返すつもりの場合 ◆

①　行為：商店から商品を無断で持ち出した 目的：返品を装って当該商品を商店に返還し代金相当額の交付を受けるため	不法領得の意思○
②　行為：パチンコ台を誤作動させて、パチンコ玉を排出 目的：パチンコ店内ですぐに景品交換するつもり	不法領得の意思○

取った直後に、元の所有者に返すのであれば、不法領得の意思が認められないのでしょうか。

上記の事例は、取った直後に元の所有者に返すつもりがあります。

ただ、両者とも返還することで経済的利益を得ようとしています（返金・景品交換）。そのため、これらの事例では不法領得の意思が認められます。

☑ 1	商店から商品を無断で持ち出した場合であっても、その直後に返品を装って当該商品を商店に返還し代金相当額の交付を受ける目的で持ち出したときは、不法領得の意思は認められないので、窃盗罪は成立しない。〔19-26-ウ〕	×

2	Aは、パチンコ台に誤作動を生じさせる装置を携帯してパチンコ店に行き、この装置を用いてパチンコ台を誤作動させて大当たりを出し、パチンコ玉を排出させた。Aは、排出させたパチンコ玉については、当初からパチンコ店内ですぐに景品交換するつもりであった。この場合、不法領得の意思が認められるので、窃盗罪が成立する。〔23-26-エ〕	○

刑法における財物とは、有体物に限らず、物理的に管理可能なものをいう（大判明36.5.21）。

①	あへん煙・麻薬・銃砲刀剣類のように所有・占有が禁じられている物（禁制品）	○
②	電気（245）	○
③	情報そのもの	×
④	情報が記載された紙や、記録されたフロッピィディスクなどの物	○

物を取った場合には窃盗と扱われますが、「なにが物なのか」について、刑法に定義がありません。裁判所の見解では、「人間が管理できるもの」が物とされています。

そのため、**動産だけでなく、電気などを取った場合も窃盗罪となります**（電気が窃盗罪になるのは、条文にも規定があります）。

また、**麻薬など、本来持っていてはいけない物を勝手に取った場合も、窃盗罪になります**（麻薬の所持を守りたい、というよりは**取った行為を罰したいと考えましょう**）。

一方、情報はどうでしょうか。情報は、人が管理できるものではありません。洩れてしまったり、勝手に広まることもあります。
そのため、情報自体は物にならないため、取っても窃盗罪になりません。

ただ、**会社の機密情報を会社のＰＣから会社の紙にプリントアウトした場合は、窃盗罪になります**。**会社の紙を取ったという理論構成です**。

問題を解いて確認しよう

1	法律上所持の禁止されている麻薬を窃取した行為は、窃盗罪を構成する。〔元-27-ア（令4-26-イ）〕	○
2	上司が保有している会社の企業秘密を競争相手の会社に売るため、上司の業務用パソコンから、会社備付けのプリンタ、用紙を用いて、企業秘密を印字し、これを持ち出して競争相手会社の社員に渡した場合でも、企業秘密は情報にすぎず、財物ではないから、窃盗罪にならない。〔20-26-イ〕	×

×肢のヒトコト解説

2　会社の紙を盗ったという窃盗罪になります。

第2節　強盗罪

236条（強盗）
1　暴行又は脅迫を用いて他人の財物を強取した者は、強盗の罪とし、５年以上の有期懲役に処する。

強盗罪の要件の暴行脅迫、これが色々な角度で問われます。
次の図を見てください。

覚えましょう

暴行・脅迫は、財物強取の手段として用いられたものでなければならない。

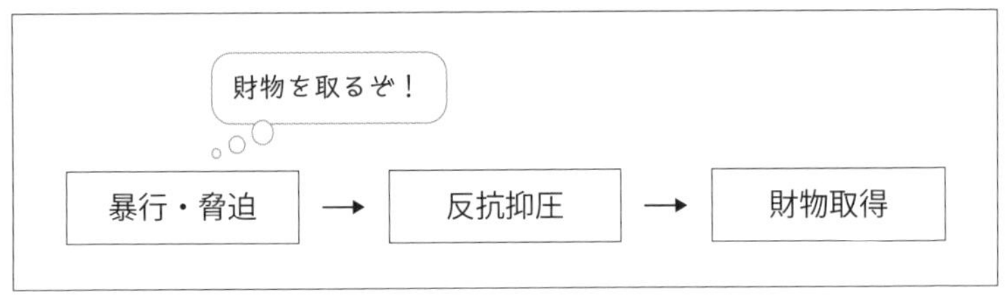

強盗罪は、「暴力を振るう→反抗抑圧という、ガクガクブルブル状態にする→物を取る」という流れで成立します。そして、この暴行の部分ですが、**「物を取るぞ」という気持ちで行わなければ、強盗罪の実行の着手になりません。**

次の事例を見てください。

恨みを晴らす目的で殴りつけた後、その後、財物奪取の意図を生じて奪った場合は、強盗罪は成立しない（傷害罪と窃盗既遂罪の併合罪となる）。

暴力を行い、物を取るということが起きていますが、**「物を取るぞ」という気持ちでやっていない**ので、強盗罪の実行の着手が認められないのです。

暴行・脅迫は、相手方の反抗を抑圧するに足りる程度のものが必要とされる。
強盗罪の手段としての「暴行・脅迫」に当たるか否かは、社会通念上一般に被害者の反抗を抑圧する程度のものであるかどうかという客観的基準によって判断される（最判昭23.11.18）。
強盗犯人の用いた脅迫の手段が相手方の意思の自由を抑圧するに足るものであれば、たまたま相手方がそれによって意思の自由を抑圧される事がなかったとしても強盗罪は成立する（最判昭23.6.26）。

強盗罪での暴力は相当強いものが要求されます。**ガクガクブルブル状態にする、そのレベルの暴力が必要**です。

そのため、「デコピン」ぐらいではこの要件をクリアしません。刃物を突きつけるとか、ピストルを突きつけるなど、相手がもう何もできない状態になるような暴力が必要です。

ただし、一般人であればガクガクブルブル状態になるレベルの暴力であればよく、現実に、ガクガクブルブル状態にする必要はありません。次の事例を見てください。

反抗抑圧に足りるほどの暴行脅迫がなされたが、被害者には単に憐れみの情しか生じず、任意に財物を交付した
→　強盗罪の既遂

犯人はガクガクブルブル状態にするような暴力を振るっていました。被害者側は非常に強い方で、全く恐怖を感じませんでした。ただやっている様を見て、

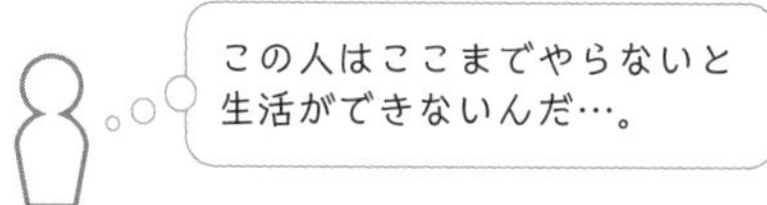
この人はここまでやらないと
生活ができないんだ…。

と悲しみ、財物を渡しました。

判例は、これで既遂としました。

一般人であればガクガクブルブル状態のレベルの暴力を振るえば、現実にガクガクブルブル状態にはしなくても、要件はクリアするのです。

236条（強盗）
2　前項の方法により、財産上不法の利益を得、又は他人にこれを得させた者も、同項と同様とする。

暴力を使っていますが、物を取っていません。ただ、**物を取っていなくても利益を得ている場合には、この2項に該当して処罰されます**（2項強盗と言います）。

利益を得ている例を、2つ紹介します。

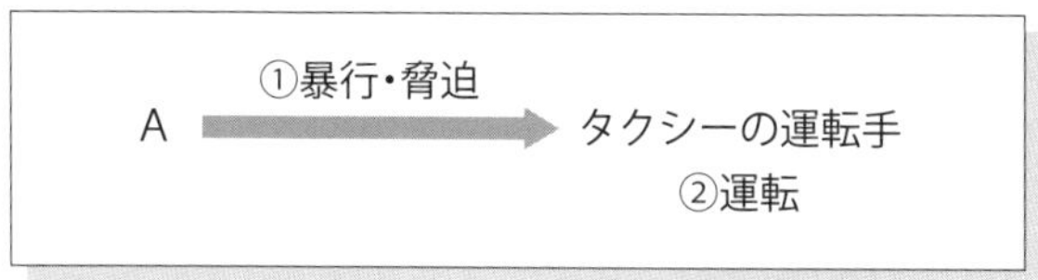
①暴行・脅迫
A
タクシーの運転手
②運転

Aが暴力を振るって、運転手にタクシーを走らせました。

この場合、Aは物を取っていませんが、乗せてもらうという利益を得ています（輸送の利益といいます）。この場合、2項強盗が成立します。

お客さんがお店の人に対し債務を負っているのに、暴力を振るって払いませんでした。この事例、Aは物を取っていませんが、払わなくて済んでいるという利益を得ています。この場合も2項強盗が成立します。

Point

窃盗には、「窃盗利得罪」というものはない。
∵民法上の債務不履行を、犯罪にするのは処罰範囲が広くなりすぎる

六法をお持ちの方は、ぜひ235条と236条を比べてください。236条の強盗罪には、物を取った場合は1項に、利益を取った場合が2項に条文が置かれています。

一方、**窃盗罪については、物を取るという類型しか規定されていません。**

そのため、**単に物を取った場合には窃盗罪ですが、単に利益を得ただけでは窃盗罪にはならない**のです。

例えば、暴力を振るわずに、債務を支払わなかった場合はどうなるでしょう。

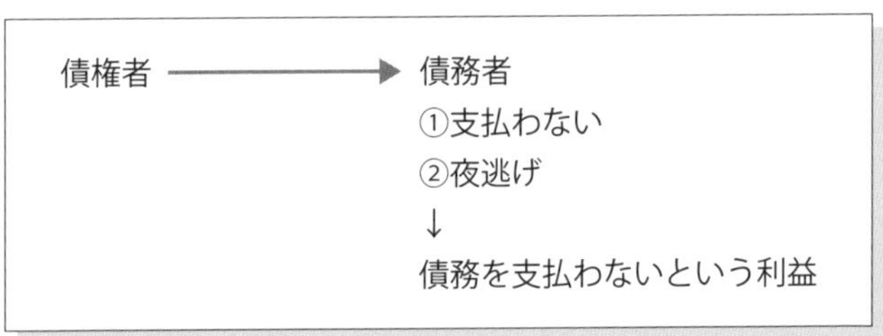

この図のように、夜逃げをしたような場合には「暴力などを使わずに」「払わない」という利益を得ています。

これを、犯罪にはできません。

やっていることは、民法の債務不履行です。

もしこれを罪とすると、**世の中にある債務不履行の多くが、犯罪になってしまいます**。処罰範囲が広くなりすぎるため、犯罪として規定しなかったのです。

問題を解いて確認しよう

1	Aは、うらみを晴らす目的でBに殴る蹴るの暴行を加え、Bを失神させた後、この機会に金品を奪おうと考え、Bが身に付けていた背広のポケットを探り、中にあった財布を奪った。この場合Aについて強盗既遂罪が成立する。〔13-25-1〕	×
2	Aは、金品を奪う目的でBにナイフを突き付けて金品を要求したところ、Bは、恐怖心は感じたものの、合気道の達人であるので、反抗ができないわけではないと思ったが、万が一けがをしてはいけないと考え、自らAに所持金を差し出し、Aは、これを奪った。この場合Aについて強盗既遂罪が成立する。〔13-25-3〕	○
3	Aは、金品を奪おうと考え、帰宅途中のBの背後から歩いて近づき、Bが持っていた手提げカバンをつかんで引っ張ったところ、Bがすぐにカバンから手を離したので、それを持って逃走した。この場合、Aには、強盗罪が成立する。〔27-26-ウ〕	×

×肢のヒトコト解説

1　物を取るぞ、という目的で暴力を使っていません。

3　「手提げカバンをつかんで引っ張った」ぐらいでは、反抗を抑圧するレベルの暴行がされたとは言えません。

これで到達！  **合格ゾーン**

□ Aは、Bから財物を強取するつもりでBを脅迫し、その反抗を抑圧したところ、Bが所持していた鞄から財布を落としたので、その財布を奪ったが、Bは、上記脅迫により畏怖していたため、財布を奪われたことに気付かなかった。この場合、Aには、強盗（既遂）罪は成立する。〔22-25-イ〕

★被害者が財物を奪取されたことを認識していなくても、物が盗られれば強盗罪になります（最判昭23.12.24）。強盗罪は反抗抑圧されている状態（ガクガクブルブル）なので、盗まれていることに気づけないこともあるためです。

□ Aは、Bから金銭を借りていたが、その支払を免れようと考え、Bに対し、その反抗を抑圧するに足りる程度の暴行・脅迫を加え、Bの反抗を抑圧し、事実上債務の弁済請求ができない状態に陥らせた。この場合、Aには、強盗利得罪は成立する。〔令3-25-ウ〕

★債権者からの債務免除や支払猶予の意思表示などの処分行為がなかったとしても、事実上払わなくていい状態にすれば、詐欺利得罪は成立します（最判昭32.9.13）。

□ Aは、Bから麻薬購入資金として現金を預かっていたが、その返還を免れようと考え、Bに対し、その反抗を抑圧するに足りる程度の暴行・脅迫を加え、Bの反抗を抑圧し、その返還を免れた。この場合、Aには、強盗利得罪は成立する。〔令3-25-イ〕

★Bの法益は麻薬購入資金として不法なものです。ただ、不法な法益ではあっても、侵害する行為は罰すべきと考えましょう（最決昭61.11.18）。

238条（事後強盗）
　窃盗が、財物を得てこれを取り返されることを防ぎ、逮捕を免れ、又は罪跡を隠滅するために、暴行又は脅迫をしたときは、強盗として論ずる。

窃盗をした方が、追いかけてきた人に捕まらないように殴ってしまった場合、この犯罪が成立します。

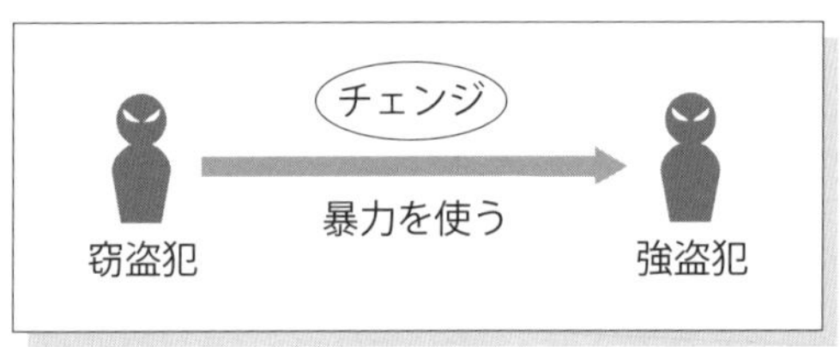

もともとは強盗するつもりでない**窃盗犯が、一定目的で暴力を振るうと強盗にチェンジする**、これが事後強盗という類型です。

では、どういう時に暴力を振るうと、強盗にチェンジするのでしょうか。
次の図を見てください。

窃盗の機会の継続中に

事後強盗罪（238）にいう暴行・脅迫は、窃盗の機会の継続中に行われたことを要し、窃取行為と暴行・脅迫との間には、時間的・場所的接着性が必要である。

盗んだあと、8年後に暴力を振るっても、強盗にはなりません。また、盗んだあと100キロ離れたところで、全く別件に暴力を振るった場合も強盗になりません。

窃盗をしてからの時間、窃盗現場との距離が影響してきます。

例えば、次の例を見てください。

パターン	現場滞留型	現場回帰型
事例	窃盗犯人が他人の居宅で財物を窃取した後もその天井裏に潜み、犯行の約3時間後に駆け付けた警察官に対し逮捕を免れるため暴行を加えた場合（最決平14.2.14）	窃盗犯人が、一旦被害者宅から約1キロメートル離れた場所まで移動したが、盗品が少なかったことから再度窃盗をする目的で被害者宅に戻った際に発見され追跡されたため、逮捕を免れるために脅迫をした場合（最判平16.12.10）
窃盗の機会の継続中	○	×

現場滞留型

時間がたっていても、犯人が事件現場にいる場合は、まだ窃盗の場面が続いています。そのため、そこでふるった暴力には、事後強盗罪が成立します。

現場回帰型

一旦窃盗現場から1キロ離れていれば、それはもう窃盗の場面ではありません。その後に行われた暴力に事後強盗罪は成立しません。

Point

既遂・未遂は、財物奪取の有無によって決定される。

- □ 犯人が逮捕を免れたかどうかは本罪の既遂・未遂を区別する標準とならない（大判昭7.6.9）。
- □ 窃盗未遂犯人による事後強盗行為は事後強盗の未遂となる（最判昭24.7.9）。

事後強盗の既遂と未遂は、暴力の結果で決まるわけではなく、**物を取れたかどうかで決まります**。物を取っていない状態で暴力を振るえば、事後強盗の未遂となり、物を取った上で暴力を振るえば、事後強盗の既遂となります。

問題を解いて確認しよう

1	Ａは、窃盗の目的でＢ方に侵入し、タンスの引き出しを開けるなどして金品を物色したが、めぼしい金品を発見することができないでいるうちに、帰宅したＢに発見されたため、逃走しようと考え、その場でＢを殴打してその反抗を抑圧した上、逃走した。この場合、Ａには、事後強盗罪の未遂罪が成立する。〔22-25-ア（令3-25-エ）〕	○
2	Ａが走行中の電車内で、乗務中の車掌Ｂによりスリの現行犯として逮捕された約５分後に、到着駅のホームで警察官に引き渡すために連行される際に、逃走を企て、車掌Ｂに暴行を加えた場合、Ａには事後強盗罪が成立する。〔オリジナル〕	○
3	Ａは、Ｂ宅で、財布を盗んだが、誰からも発見、追跡されることなく、一旦Ｂ宅から約１キロ離れた場所まで移動し、窃取の約30分後に再度窃盗をする目的でＢ宅に戻ったところ、玄関でＢに発見されたため、逮捕を免れるためＢを脅迫した。この場合、Ａには、事後強盗罪が成立する。〔オリジナル〕	×
4	Ａは、飲食店で包丁を示して店員Ｂを脅迫し、レジにあった現金を奪って逃走したが、数日後、その飲食店から５キロメートル離れた路上で、たまたまＢに出会って声を掛けられたので、Ｂを殴って逃走した。この場合、Ａには、事後強盗罪が成立する。〔27-26-イ〕	×

×肢のヒトコト解説

3 約1キロメートル離れた場所まで移動、30分後ということから当該脅迫は、窃盗の機会の継続中に加えられたものとはいえません（最判平16.12.10)。

4 犯行から数日後、飲食店から５キロメートル離れた路上でＢを殴打する行為は、窃盗の機会とはいえません。

２周目はここまで押さえよう

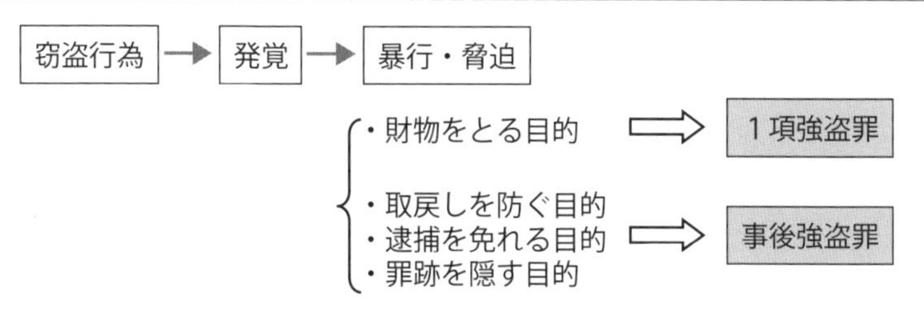

窃盗の後の暴力のすべてが、事後強盗と評価されるわけではありません。暴力をふるった目的で変わってきます。

取り戻されたくないから暴力を使った、逮捕を免れるために暴力を使った、罪跡を隠すために暴力を使った場合は、事後強盗罪になります。

一方、財物をもっと取りたいと思って暴力をふるった場合は、単なる１項強盗として処理されます。

✓ 1 Ａは、Ｂに対して暴行・脅迫を加えて手提げバッグを強取しようと考え、まずは、Ｂの足下に置かれていた当該手提げバッグを手に取り、次いで、Ｂに対し、その反抗を抑圧するに足りる程度の暴行・脅迫を加え、Ｂの反抗を抑圧して当該手提げバッグの奪取を確保した。この場合、Ａには、強盗罪ではなく、事後強盗罪が成立する。〔令3-25-ア〕	×

240条（強盗致死傷）
強盗が、人を負傷させたときは無期又は６年以上の懲役に処し、死亡させたときは死刑又は無期懲役に処する。

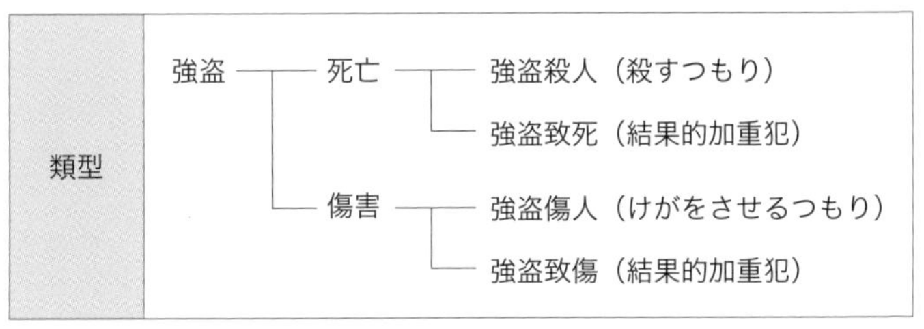

この犯罪類型は、全部で4つあります。

殺した場合には、故意で殺したケースと、殺すつもりがなかったのに死んでしまったというケース

けがをさせた場合も、故意でけがをさせたケースと、けがをさせるつもりがなかったのにけがをさせてしまったケースがあります。

結果的加重犯の部分については、死亡やケガの認識がなくても、成立するという点に注意が必要です。

死傷の結果は、財物奪取の手段である暴行・脅迫から生じた必要はなく、強盗の機会に生じたものであれば足りる(最判昭24.5.28)。

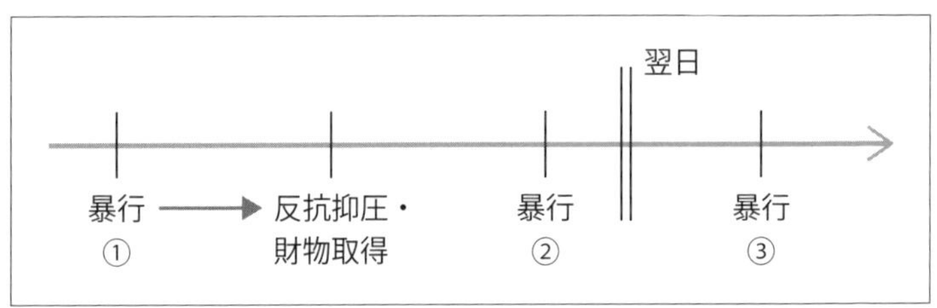

暴力を振るって反抗抑圧状態にした後に、物を取っています。その後、また暴力を振るっています。また、翌日になってその被害者を見つけて、また殴っているようです。

強盗の場面（これを強盗の機会と言います）での暴力はどれでしょう。

強盗の場面は①②までで、③までいくと強盗の場面ではありません。そのため、①②の暴力でけがをした場合は240条が成立しますが、③の暴力でけがをしても、240条は成立しません。

既遂時期
強盗犯人に殺意があったが、殺人が未遂に終わった場合のみ、強盗致死傷罪の未遂が成立する（大判昭4.5.16）。
→　強盗行為が未遂に止まったとしても、人を死傷させていれば、本罪は既遂となる。

法益の重い方が侵害されれば、既遂になります。

そのため、**人の身体という重い法益を侵害すれば、物を取っているかどうかにかかわらず、既遂となります。**

問題を解いて確認しよう

1	Aは、Bの財布を強取する目的で、Bに短刀を突きつけ脅迫したが、Bが抵抗したためもみ合いになり、たまたまBがAの持つ短刀を両手で握ったため、Bは傷害を負った。この場合、Bの受傷はAの暴行によるものではないから、強盗致傷罪は成立しない。〔5-26-5〕	×
2	Aは、路上でBを脅迫してその反抗を抑圧し、その財物を強取したが、すぐにBが追いかけてきたので、逃走するため、Bを殴打して負傷させた。この場合、Aには、強盗致傷罪は成立しない。〔22-25-ウ〕	×
3	強盗が財物奪取の目的を何ら達せず未遂に終わった場合でも、その暴行により相手に傷害の結果を発生させたときには、強盗致傷罪の既遂の責任を負う。〔61-27-エ（22-25-エ）〕	○
4	電車内で乗客Bから財布をすり取ったAは、直ちにその電車を降りようとしたが、Bに呼び止められその場で逮捕されそうになったため、これを免れようとして、その顔面を殴りつけて傷害を負わせた。この場合、Aは窃盗犯人であるから、強盗致傷罪は成立しない。〔5-26-1〕	×

×肢のヒトコト解説

1,2　強盗の機会の暴行に当たります。

4　より重い法益である身体に影響がでているので、既遂です。

第3節 詐欺罪

246条（詐欺）
1　人を欺いて財物を交付させた者は、10年以下の懲役に処する。
2　前項の方法により、財産上不法の利益を得、又は他人にこれを得させた者も、同項と同様とする。

詐欺罪には、1項詐欺と2項詐欺があります。

物を取った場合が1項詐欺、物は取っていないけど利益を得た場合が、2項詐欺です。

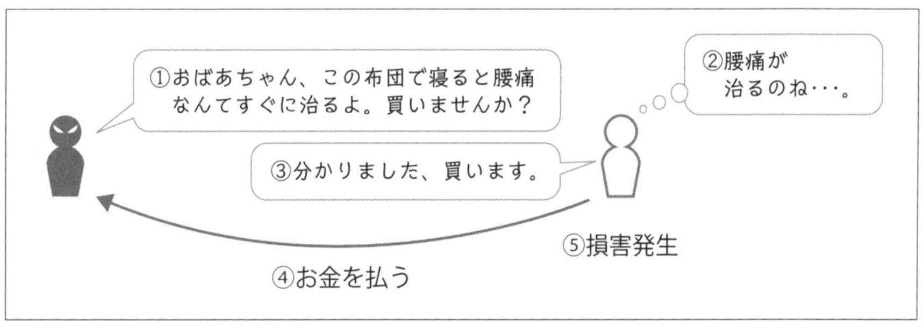

上記の例を使って、詐欺罪のスタートから、既遂に至るまでの流れを下記に示します。

Point
①欺く行為 → ②錯誤 → ③処分行為 → ④財物・利益の移転 → ⑤損害発生

これが、詐欺罪の因果関係です。

まず欺く行為というだます行為をして、相手をだましにかかります（ここが実行の着手になります）。その後、相手が勘違いの状態に陥ります。

その後、相手が売買契約を締結するなどして、財産を処分する行為をします。それにより、財産が移転して、損害が出ます。

ここまでの流れが完結し、かつ、**すべてが原因・結果の関係で繋がると、詐欺**

罪は既遂になります。

因果関係がない場合
欺く行為は行われたが相手方が錯誤に陥ることなく単に憐れみの情から財物を与えた場合には、詐欺罪の未遂となる（大判大11.12.22）。

例えば、欺く行為に出たのだけど、相手が全くだまされなかったのですが、

この人はここまでやらないと
生活ができないんだ…。

と考え、布団を買ってあげた場合、実行行為があり、結果も起きていますが、**因果関係が繋がっていないので、未遂となります。**

1	甲は、乙から金銭をだまし取るつもりで、乙に対し返済する意思もないのに「明日返すから金を貸してくれ」と嘘を言ったところ、乙は、これを嘘だと見破ったが、甲に同情して金を渡した場合、詐欺罪の実行の着手は認められない。〔56-24-4〕	×
2	Ａは、一人暮らしのＢに電話をかけ、Ｂに対し、息子であると偽り、交通事故の賠償金を用意して、友人であるＣに手渡すように申し向けた。Ｂは、Ａの声色が自分の息子のものとは違っていることに気付いたことから、Ａが虚偽の事実を申し向けて金員の交付を求めてきたのだと分かったが、憐憫の情に基づいて現金を用意し、Ｃに対し、現金を交付した。この場合、Ａには、刑法第246条第1項の詐欺罪の未遂罪が成立する。〔26-26-ウ〕	○

×肢のヒトコト解説

1 欺く行為をしているので、実行の着手は認められます。

> 欺く行為になるかどうか、チェックする点
> ①　相手に「処分させよう」と考えて行っているか
> ②　人をだましているか（機械をだましていないか）
> ③　相手が財産処分権を持っているか

詐欺罪において多く問われるのが、欺く行為の部分です。

だます行為のすべてが、刑法上の欺く行為になるとは限りません。上記の3点をチェックする必要があります。

欺く行為は、相手方の財産的処分行為に向けられていることを要する。	
人の注意を他に転じさせその隙に財物を奪取した場合	×　詐欺罪 ○　窃盗罪

まず、**「何か相手に処分させよう」ということを目的にしなければ、欺く行為にはなりません**。

例えば、店に入って、「あっＵＦＯだ」そんなこと言って店員の隙を見て、その間に物品を持っていった場合、一般的には、だます行為かもしれませんが、刑法の詐欺罪にはなりません。

ただ、物品を持って行っているので、窃盗罪になります。

> 詐欺罪を検討して、次は窃盗罪を検討する

このように、検討するくせをつけてください。

欺く行為は、人に向けられる必要がある。	
磁石を用いて、パチンコの外れ玉を当たり穴に誘導し、これにより勝ち玉を落下させてパチンコ玉を取得した場合	×　詐欺罪 ○　窃盗罪

欺く行為によって、勘違いに陥らせる必要があります。

勘違いというのは、人の精神状態のことを指すので、相手は人だけになります。

機械をだましても、詐欺罪の欺く行為になりません。

そのため、前ページの図の場合は、詐欺罪にはならず、玉を取ったという窃盗罪になります。

次は、だます相手に注目です。

欺かれた者が当該財物を処分できる権限又は地位を有することが必要。	
マンションの管理人をだまして居住者の部屋を合い鍵で開けさせ、財物を運び出した場合	× 詐欺罪 ○ 窃盗罪

財産について処分権限を持っている人をだます必要があり、それ以外の方をだましても、詐欺罪にはなりません。

マンションの管理人には財産処分する権限がないため、この人をだましたとしても、詐欺罪にはならず、物を取った窃盗罪になります。

問題を解いて確認しよう

1	他人を欺いてその注意を他にそらせ、その隙にその人の財物を自分のものにするのは、詐欺罪（246条1項）である。〔54-26-3（21-26-イ）〕	×
2	磁石を用いて、パチンコの外れ玉を当たり穴に誘導し、これにより勝ち玉を落下させてパチンコ玉を取得した場合、詐欺罪が成立する。〔63-27-4（8-25-イ）〕	×
3	甲が、乙作成名義の不動産売渡証書その他登記の申請に必要な書類を偽造し、これらを行使して登記官を欺き、乙所有の不動産につき乙から甲に対する所有権移転の登記をさせた場合には、詐欺罪が成立する。〔59-28-1〕	×
4	甲が、友人乙の居住するマンションに赴き、管理人丙に対して、「乙から頼まれてきた」旨嘘を言って誤信させ、乙の居室の鍵を開けさせて室内からテレビを搬出した場合には、詐欺罪が成立する。〔59-28-5〕	×

ヒトコト解説

1 「処分行為をさせよう」という行為ではありません。

2 機械を相手にしています。

3 登記官には、不動産を処分する権限がありません。

4 管理人には、室内の物を処分する権限がありません。

次に、頻繁に出題される無銭飲食（無賃乗車）の論点を見ます。お金を払わずに、食べる（タクシーに乗る）という犯罪類型ですが、色々なバリエーションがあります。

無銭飲食・無賃乗車
→ 注文時の気持ち・行動
支払時の気持ち・行動　に注目すること

この2点を意識しながら、事案を分析していきましょう。

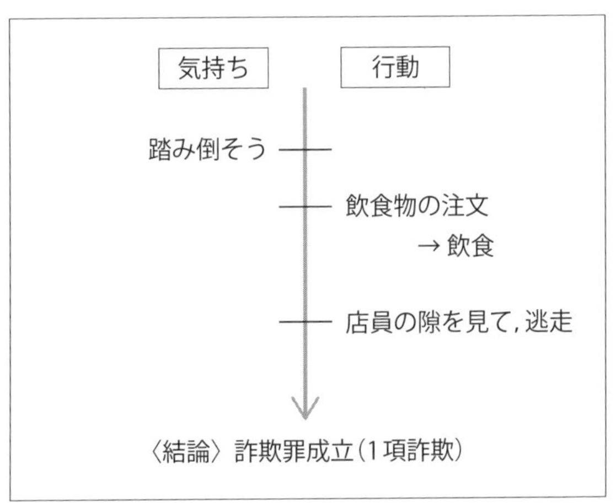

注文する時点から、もう払う気がありませんでした。その状態でかつ丼をくれと頼み、かつ丼が出てきました。

この時点で、詐欺罪が成立します。**かつ丼をだまし取ったという１項詐欺が成立する**のです。

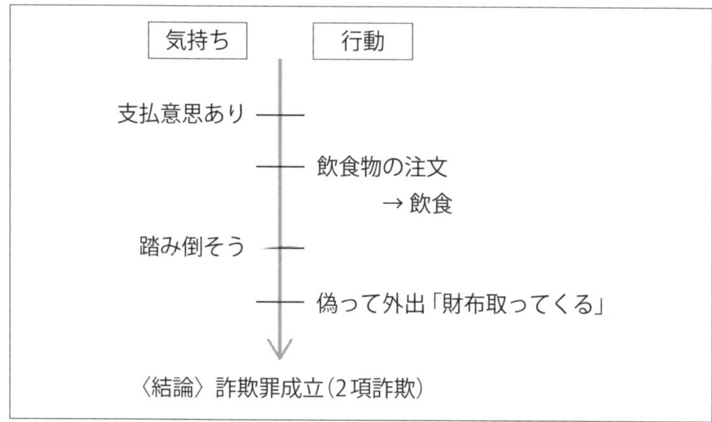

注文時には払う意思があったので、この時点ではだますという故意がありません。そのため、かつ丼が出てきた時点では、詐欺罪にはなりません。

その後、踏み倒そうという意思が生じ、「財布取ってくる、だからこの場は出してくれ」と言って頼んだところ、「出ていっていいですよ」（これが処分行為になります）と許諾を得て、店から出て払いませんでした。

この人は、代金を払わないで済んでいます。**物は取っていないけど、払わないで済んでいる利益があるので、２項詐欺になります**。

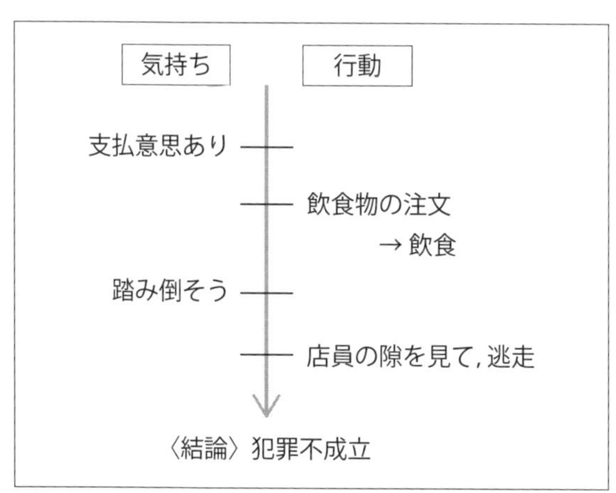

まず**注文時には払う意思があった**ので、詐欺罪にはなりません。

一方、支払うときに、「あっＵＦＯだ」なんてことを言って、隙を見て逃げています。**相手に何かの処分をさせていない**ので、詐欺罪が成立しません。

ただ結局、払わずに済んでいる点は間違いありません。

詐欺がだめなら、窃盗の検討です。

物を取った場合には、窃盗罪になりますが、利益を得た場合は窃盗罪になりません。本事例は、**払わずに済んだという利益を得ているだけ**なので、犯罪は不成立となるのです。

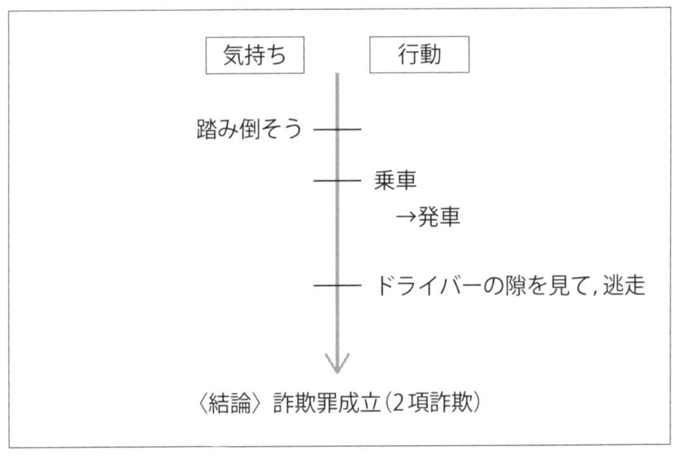

これはタクシーの無賃乗車という論点です。**基本的に、タクシーの無賃乗車の処理は、無銭飲食の処理と変わらない**のですが、この事例だけ若干結論が違います。

初めから、踏み倒そうと思って乗ったときは、２項詐欺が成立します。

先ほどは、かつ丼をだまし取ったという１項詐欺が成立しましたが、今度は、乗せてもらったという、**物を取っていないけど利益があったことによる、２項詐欺になる**のです。

問題を解いて確認しよう

1 料金を踏み倒すつもりでタクシーに乗り、目的地に着いたところで運転手の隙をみて逃げ出した場合、詐欺罪が成立する。〔63-27-1（21-26-ウ）〕 ○

2 タクシーで目的地に着き、運賃の支払を求められた際に所持金がないことに気付いたAは、支払を免れようと考え、「このビル内にいる友人から金を借りてきて、すぐに支払う。」などと嘘を言ったところ、タクシー乗務員は、Aの言葉を信じて運賃を受け取らずにAを降車させた。Aの行為について詐欺罪は成立しない。〔14-24-ウ〕 ×

3 Aは、所持金がなく、代金を支払う意思も能力もないのに、飲食店で料理を注文して飲食し、その後、代金の支払を求められた際、何も言わずに店を出て逃走した。この場合、Aには、刑法第246条第2項の詐欺罪が成立する。〔26-26-ア〕 ×

4 Aは1万円を持ち、代金を支払うつもりで飲食店に入り、店主Bに対し、700円の定食を注文してその提供を受けたが、食べ終わった後になって代金を支払うのが惜しくなり、Bの隙を見て、何も言わずに店外に出て、代金を支払わないまま逃走した。この場合において、AのBに対する詐欺罪が成立する。〔令2-26-イ〕 ×

×肢のヒトコト解説

2 246条2項の詐欺罪が成立します。

3 246条1項の詐欺罪が成立します。

4 注文時にはだます意思がなく、支払い時には欺く行為がないため、刑法上は不可罰です。

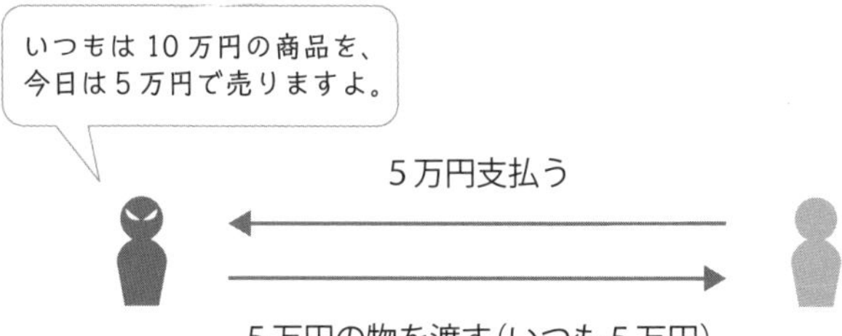
いつもは 10 万円の商品を、
今日は５万円で売りますよ。
５万円支払う
５万円の物を渡す（いつも５万円）

いつも５万円で売っている商品（５万円の価値がある）を、「今日だけ５万円で売りますよ」とだまし、５万円の現金を受け取り、商品を渡しました。

ここで、被害者に損害があるのでしょうか。

5万円支払って、5万円の価値のものが入ってきたのですから損害がないように見えます。ただ、このままだと犯罪は成立しませんとしてよいのでしょうか。

いつも10万円だと思ったから買った。
もし、いつも5万円だとわかっていたら
買わなかったよ。騙された！！

このように**不都合な結論が生じてしまいます**。

そのため、詐欺罪での損害の判断においては、入ってきたものを無視して、出ていったところだけで判断します。

上記の例でいえば、**商品が入ってきたところは無視して、「5万円の現金が出ていった」というだけで損害と処理する**のです。

トータルでトントンになるから犯罪は不成立という肢が出てきたら、ひっかけ問題と思ってもいいでしょう。

問題を解いて確認しよう

1	Aは、2万円相当の品物を、10万円の価値があるものだとBを欺いて、Bに2万円で販売した。判例の趣旨に照らし、この場合、Aには、詐欺罪が成立する。〔オリジナル〕	○
2	Aは、Bに対し、単なる栄養剤をがんの特効薬であると欺いて販売し、代金の交付を受けた。判例の趣旨に照らし、この場合、真実を知っていればBがAに代金を交付しなかったとしても、Aの提供した商品が、Bが交付した代金額相当のものであれば、詐欺罪は成立しない。〔18-26-ア〕	×
3	Aは、不正に入手したB名義のクレジットカードを使用し、当該クレジットカードの加盟店であるC店の店主Dに対し、B本人になりすまして商品の購入を申し込み、その引渡しを受けた。その後、C店は、クレジットカード会社から代金相当額の金員の支払を受けた。この場合、Aには、C店の店主Dに対する詐欺罪は成立しない。〔26-26-イ〕	×

×肢のヒトコト解説

2　代金を交付したこと自体が損害です。

3　なりすましということを知っていれば、商品を渡さなかったでしょう。商品を渡したこと自体が損害です（「C店は、クレジットカード会社から代金相当額の金員の支払を受けた」の部分はひっかけです）。

2周目はここまで押さえよう

◆財産的損害◆

○＝詐欺罪成立　×＝不成立

事例	詐欺罪の成否
①　係員を欺いて旅券の交付を受けた場合（大判昭27.12.25）	×
②　簡易生命保険証書の騙取（最決平12.3.27）	○
③　他人に成り済まして預金口座を開設し、銀行窓口係員から預金通帳の交付を受ける行為（最判平14.10.21）	○

財産的な被害があったか、で議論になる事例を比較しましょう。

例えば、騙されてパスポートを作ったとしても、作った方には損害がないため、詐欺罪にはなりません。

一方、生命保険なり、通帳を騙されて作ってしまうと、**作った側はそれをもとに色々なサービスや給付を要求されます。**そのため、これらを騙されて作った場合には、損害があると評価され、詐欺罪が成立します。

☑ 1　Aは、旅券発給の事務に従事する公務員Bに対し、内容虚偽の申立てをしてBを欺き、自己名義の旅券の交付を受けた。この場合、真実を知っていればBがAに旅券を発給しなかったとすれば、詐欺罪が成立する。〔18-26-イ〕　×

2	Aは、簡易生命保険契約の事務に従事する係員Bに対し、被保険者が傷病により療養中であることを秘し、健康であると欺いて契約を申し込み、簡易生命保険契約を締結させて、その保険証書の交付を受けた。この場合、真実を知っていればBがAに保険証書を交付しなかったとすれば、詐欺罪が成立する。〔18-26-エ〕	○
3	Aは、銀行の係員Bに対し、自分がCであるかのように装って預金口座の開設を申し込み、C名義の預金通帳1冊の交付を受けた。この場合、真実を知っていればBがAに預金通帳を交付しなかったとしても、詐欺罪は成立しない。〔18-26-ウ〕	×

第4節 横領罪

252条（横領）
1　自己の占有する他人の物を横領した者は、5年以下の懲役に処する。

自分が占有する他人の物、これを処分したり、懐に入れたりするのが横領罪です。

横領罪の構成要件を検討するときは、下記の2点に注意が必要です。

構成要件の詳細	
委託信任関係	本人との間の信任関係を破る点に本質があるから、本罪における行為者の占有は法令、契約、事務管理等を根拠とする委託信任関係に基づいて生じたものでなければならない（通説）。
横領	不法領得の意思を実現する一切の行為

委託信任関係、これは、頼んだ・任せたという関係のことをいいます。

信頼して、お金を預けたら、使い込まれた！

信頼して、土地を預けたら、売られた！

頼んだ・任せたのに裏切られた、これが横領罪の本質です。**頼んだという関係がなければ、本罪は成立しません。**

Aは、帰宅途中、公園で乗り捨てられた自転車を見つけると、それが自分のものではないことを知りながら、それに乗って帰った。 → 遺失物横領罪が成立する。

この自転車は、「犯人Aが占有する、他人の財物」になっています。ただ、Aと所有者の間には、**頼んだ・任せたという関係がないため**、横領罪が成立しません。

こういった**委託信任関係がない場合は、遺失物横領罪が成立**します。

次のポイントが、横領という行為です。

この横領という行為は、私は裏切る行為と理解しています。ネコババした、売り払った以外にも、**裏切り行為を横領の行為と考えるといいでしょう**。

例えば次の事例を見てください。

事例	横領罪の成否
登記簿上所有名義人となってBの不動産を保管中のAが、その不動産につき提起された所有権移転登記手続訴訟において、自己の所有権を主張して争った場合（最決昭35.12.27）	○

預けた物品を返さないので、訴えたところ、相手が自分のものと主張し始めたのです。

これは、預けた方からすれば裏切られたと思いますよね。

事例	横領罪の成否
AはBから委託されて占有している動産をBに無断でCに売り渡す契約を締結したが、まだCに動産の引渡しをしていない場合	○

売買契約をした時点で裏切りになっています。そのため、引渡しがなかったとしても、横領罪が成立するのです。

（横領行為に出れば、すぐに既遂になることから、**横領罪には未遂を処罰する条文がありません。**）

問題を解いて確認しよう

1	Aは、帰宅途中、公園で乗り捨てられた自転車を見つけると、それが自分のものではないことを知りながら、それに乗って帰った。この場合、Aには、横領罪が成立する。〔20-27-ウ〕	×
2	Aは、その自宅の郵便受けに誤って配達されたB宛ての郵便物がB宛てのものであることを知りながら、その中に入っていた動産甲を自分のものとした。この場合、Aには、遺失物等横領罪が成立する。〔29-26-ウ〕	○
3	甲が、乙所有の未登記建物につき、無断で甲名義に所有権保存の登記をした上、丙に売却して所有権移転の登記をした場合でも、横領罪は成立しない。〔59-27-2〕	○
4	Aは、B所有の未登記建物を、Bの同意の下に使用支配していたところ、その建物につき、自己名義で所有権保存登記をした。この場合、Aに横領罪が成立する余地はない。〔7-25-3〕	×
5	Aは、Bから依頼されて、B所有の土地につき登記記録上の所有名義人になってその土地を預かり保管中、Bから所有権移転登記手続請求の訴えを提起された際に、自己の所有権を主張して抗争した。この場合、Aに横領罪が成立する余地はない。〔7-25-4〕	×
6	甲が、乙から借用中の事務機器を乙に無断で丙に売却する契約を締結した場合、いまだ丙に対する引渡しがされていないとしても、横領罪が成立する。〔59-27-1〕	○
7	所有者Bから仮装売買により買主として土地の所有権の移転の登記を受けたAが、実際には所有権を取得していないにもかかわらず、自分の借金の担保としてその土地に抵当権を設定したが、Bから土地の実際の引渡しまでは受けていなかった。この場合、Aには、横領罪が成立する。〔20-27-エ〕	○
8	従業員Aは、店内のレジにある現金を自分で使い込むために店外に持ち出そうと考え、それを手に取って店の出入り口まで移動したが、そこで翻意して、現金をレジに戻した。この場合、Aには、横領未遂罪が成立する。〔20-27-イ〕	×

×肢のヒトコト解説

1　委託信任関係がありません。

4　この所有権保存登記が、裏切り行為になります。

5　所有権を主張することが、裏切り行為になります。

8　横領には未遂罪はありません。本事例は窃盗罪が成立しています。

247条（背任）
他人のためにその事務を処理する者が、自己若しくは第三者の利益を図り又は本人に損害を加える目的で、その任務に背く行為をし、本人に財産上の損害を加えたときは、5年以下の懲役又は50万円以下の罰金に処する。

裏切る犯罪にはもう1つ、背任罪というのがあります。

横領罪と背任罪のどちらになるか、という判断は非常に難しいのですが、司法書士試験的には、以下のように考えてください。

横領罪と背任罪の区別
権限がない場合　→　横領罪
権限はあるが濫用した場合　→　背任罪

例えば、預けた物品を売られたというケースで考えると、預かった人には、売る権限はないため、横領罪が成立します。

この論点は、不動産の二重譲渡でよく出題されます。

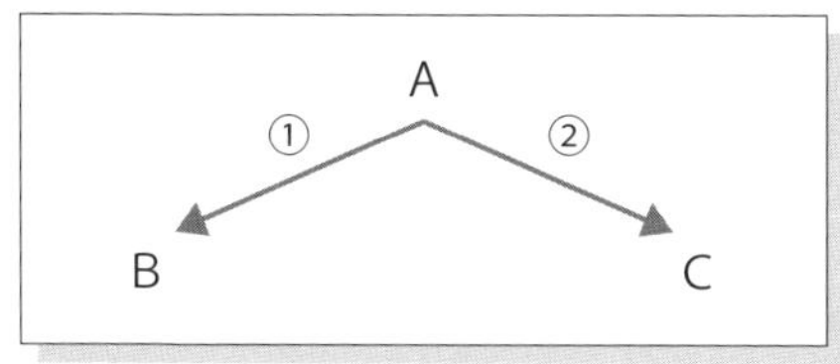

ＡＢの処分の内容、その後に行ったＡＣの処分の内容によって、Ａに成立する犯罪は変わります。

	①の処分	②の処分	Aの罪責
事例1	譲渡（未登記）	譲渡（登記）	Bに対する横領罪

AがBとCに二重譲渡をしたケースでは、Aに成立する犯罪は横領罪です。

売った時点でAから所有権がなくなっているのに、Aは他人に売っています。**権限がない人が処分をしている**ので、横領行為になるのです。

②の譲渡の時点でCが①の譲渡の事実を知っていた場合、悪意であることだけではCに横領罪の共犯は成立しない。

今の事例でCが単純にすでにBに売られていることを知っていたとしても、Cは共犯者にはなりません。

単純な悪意だったら、民法上では保護されます。民法上保護されるのに、刑法上罰せられるのでは、バランスが取れません。

	①の処分	②の処分	Aの罪責
事例2	農地譲渡（未登記）	①の許可前に譲渡（登記）	Bに対する背任罪

売買の時点では所有権が移っていないため、Aには処分権があります。この状態で他人に売るというのは、「権利はあるけど、濫用している」状態です（Bに売りながら、別人に売る行為はやるべきではありません）。

そのため、Bに対する背任罪が成立します。

問題を解いて確認しよう

1	甲に譲渡した不動産を、もとの所有者がその移転登記前に乙に売り渡すのは、背任罪（247条）である。〔54-26-2〕	×
2	県知事の許可を条件として農地を売り渡した場合において売主が自己の債務の担保のため第三者に抵当権を設定したときは、その許可前ならば背任罪（247条）が、許可後ならば横領罪が成立する。〔54-27-3〕	○

3　すでにAに売却し、代金全額の受領がされている不動産につき、売主がその事情を秘して、更にBに売り渡し、その旨の登記を経由した場合においては、Bが契約の時点で、すでにAに売却されていることを知っていれば、売主とともにBにつき横領罪が成立する。〔4-27-ウ〕　×

4　Aは、自己所有の建物につき、Bに対して根抵当権を設定したが、その旨の登記をしないうちに、その建物につき、Cに対して根抵当権を設定し、その旨の登記をした。この場合、Aに横領罪が成立する余地はない。〔7-25-1（29-26-オ）〕　○

×肢のヒトコト解説

1　権利がなくなっていますので、横領罪になります。

3　単なる悪意では民法上保護されるので、刑法上も共犯にしません。

2周目はここまで押さえよう

◆親族相盗例◆

意　義	配偶者、直系血族及び同居の親族の間において特定の罪を犯した者は、その刑が免除される →　上記の規定は、親族でない共犯については、適用しない。
財物の所有者と占有者が異なる場合	財物の所有者と占有者が異なる場合には、犯人と所有者及び占有者双方との間に、親族関係が必要である（最決平6.7.19）。（注）

（注）刑法244条1項は、刑の必要的免除を定めるものであって、免除を受ける者の範囲は明確に定める必要があることなどからして、内縁の配偶者に適用又は類推適用されることはない（最決平18.8.30）。

冷蔵庫に入っていた娘のヨーグルトを、父が食べました。この場合、父を窃盗罪として、国家が処罰するのは行き過ぎでしょう。

家庭内の問題は、家庭で処理した方が、スムーズに物事が進みます。

そこで、親族間で窃盗等が行われても、刑を免除することにしているのです。

ちなみに、「所有者Cの物をBが預かっている」「BからAが盗んだ」という場合、AとBが親族でも、AとCが親族関係でなければ、前記の特例は使えません（親族でない人が被害者なので、家族の問題とはいえません）。

そして、親族になるかどうかは、民法を使って判断します。そのため、内縁の妻は親族とは扱われないので、前記の特例は使われません。

1	Aは、先輩であるBと共謀して、Bと不仲であったBの同居の実母Cの金庫内から、C所有の現金を盗んだ。この場合、Aは、窃盗罪の刑が免除される。〔令5-26-2〕	×
2	Aは、ギャンブルで借金を抱えており、同居の内縁の妻Bが所有する宝石を盗んで売却した。この場合、Aは、窃盗罪の刑が免除される。〔令5-26-3〕	×
3	Aは、Aとは別居している祖父Bがその友人Cから依頼されてCが所有する宝石を預かっていることを知ったことから、その宝石をBから窃取した。AとCとの間には親族関係がない。この場合、Aは窃盗罪による刑が免除される。〔令4-26-エ〕	×

第5節 盗品等に関する罪

256条（盗品譲受け等）
1　盗品その他財産に対する罪に当たる行為によって領得された物を無償で譲り受けた者は、3年以下の懲役に処する。
2　前項に規定する物を運搬し、保管し、若しくは有償で譲り受け、又はその有償の処分のあっせんをした者は、10年以下の懲役及び50万円以下の罰金に処する。

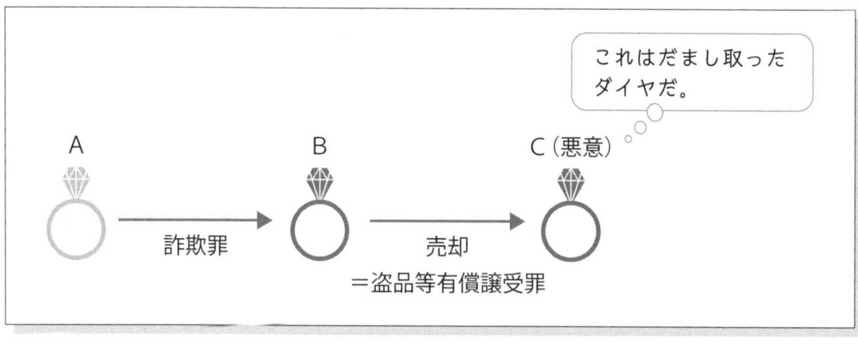

Ａのダイヤを B がだまし取り、このダイヤをＣに売りました。Ｃは、このダイヤがだまし取られたものだということを知っていました。

だまし取られたことを知っていて、買ったＣには犯罪が成立します。

これが256条の１つ、盗品等有償譲受罪です。

では、なぜこういった行為が罰せられるのでしょうか。次の図を見てください。

Ｃは何故処罰されるのか？
→ Ａの追求権（所有権に基づく返還請求権）を妨害する行為をしたから。

だまし取られていたＡは取消権を使えば、Ａに所有権を戻し、物権的請求権を使って、物を取り返すことができます。

このとき、Ｂの手元からダイヤがなければ、物権的請求権がしづらくなります。

Ａの物権的請求権をやりづらくしたので、Ｃを罰することにしたのです。

被害者に返還する目的で、盗品と知りながらこれを買い取った場合には、盗品等に関する罪は成立しない。

やりづらくするどころか、被害者に戻そうとしています。そのため、犯罪は成立しません。

横領犯人から領得物たる動産を譲り受けた者が善意・無過失である場合に、当該動産を情を知って取得した(民192・193参照、大判大6.5.23)。
→　盗品等に関する罪は成立しない。

例えば、前ページのＡＢ間の行為が横領行為だとします。その後、横領品だということを知らずにＣが買いました。

このＣが善意無過失だった場合、即時取得が成立します。

Ｃの即時取得によりＡは所有権を失うため、Ａには保護法益がありません。

その後、ＣからＤが買ったとしても、法益侵害がないので、盗品等有償譲受罪は成立しません。

公訴時効が完成し処罰の可能性がなくなった物品を情を知って取得した。
→　盗品等に関する罪は成立する。

Ａの物品をＢが盗んだ後、相当な年月がたちました。すると、窃盗罪として処罰することができなくなります（公訴時効という制度です）。

ただ、窃盗罪として処罰することはできないだけであって、**Ａの物権的請求権は、時効で消滅しません**（物権的請求権は、時効で消滅しない権利です）。

そのため、この物品を盗品だと分かってＣが買った場合、盗品等有償譲受罪が成立します。

では、盗品だと分かっていて、何をすると犯罪になるのでしょうか。次の図表を見てください。

	無償譲受罪 (256 Ⅰ)	運搬罪 (256 Ⅱ)	保管罪 (256 Ⅱ)	有償譲受罪 (256 Ⅱ)	有償処分あっせん罪 (256 Ⅱ)
保護法益	盗品等に対する本犯の被害者の追求権				
既遂時期	引渡時	運搬時	引渡時	引渡時	斡旋時

上記のように「ただでもらう、運ぶ、保管する、買う、盗品を買ってくれる人を紹介する」行為が処罰されます。

では、いつ既遂になるかを見てください。

基本的には**遠ざけたときに既遂になります**。ただ、有償処分あっせんは例外で、斡旋時（紹介と思ってください）になっているので、注意しましょう。

何が、盗品等譲受けの対象になるのでしょう。次の図表を見てください。

具体例	256条の対象になるか
①賭博によって得た金銭	×
②賄賂として収受した金銭	×
③偽証の謝礼として受け取った金銭	×
④密輸品であるとの情を知りながら買い取った物	×

盗品「等」と規定されているので、財産犯に関する者、つまり窃盗・強盗・詐欺・横領などが対象になります。

そのため、上の①から④は犯罪によって取得していますが、財産犯ではないので、これらを譲受け等しても犯罪にはなりません。

具体例	結論
財産犯である本犯の被害物の売却代金	×
本犯の被害物である紙幣を両替して得た金銭（大判大2.3.25）	○

例えば物を盗み、盗んだ物を売り、そのお金を誰かにあげたとしましょう。そして、もらった人は、「これは盗品を売って得たお金」ということを分かっていてもらいました。

これは盗品等無償譲受罪にはなりません。

盗んだものは物、Cさんがもらったものはお金です。**もはや盗品との同一性がありません**。

一方、盗んだお金が1万円、それを1,000円10枚に両替して、それを渡した場合はどうでしょうか。**これはもとの盗品との同一性がある**ので、それを分かってもらえば、盗品等無償譲受罪になります。

本犯者は盗品等に関する罪の主体とはならない。

窃盗犯人は、盗品等の犯罪の主体にはなりません。窃盗犯人は、盗んだものを運んだり、自分で保管することになりますが、それ自体は犯罪にはなりません(**窃盗犯人から遠ざけていない**からです)。

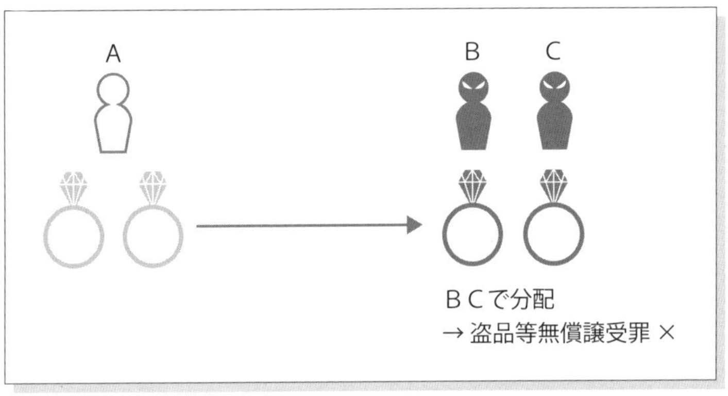

Aから、BとCがダイヤを2つ盗みました。盗んだ後に、BがCに、1つは分け前として渡しています。やっている行為は、盗品の無償譲受けですが、**BとCは両方とも本犯者**なので、盗品等の罪は成立しません。

本犯の被害者を相手方として本犯の被害物の有償処分のあっせんをした場合には、本罪が成立する(最決平14.7.1)。

窃盗犯人から買った者に対して、「窃盗の被害者だったら、買うと思うから紹介するよ」と紹介した場合には、本罪が成立します。

被害者に近づけていると思うかもしれませんが、**物権的請求権で取り返せるものを、買わせようとするのは正常な行為ではない**ので、罰することにしているのです。

問題を解いて確認しよう

1	他人から宝石を預かっている者と共謀し、当該宝石を処分することとし、自己においてこれを買い取った場合、盗品等有償譲受け罪が成立する。〔3-24-イ〕	×
2	横領罪の被害物が第三者により即時取得された場合には、これにより被害者の当該被害物に対する追求権は失われるから、以後、盗品等に関する罪は、成立しない。〔19-27-ア（57-27-5）〕	○
3	テレビの詐欺について公訴時効が完成した後における当該テレビは、盗品等無償譲受け罪の客体である盗品等に該当する。〔57-27-3〕	○
4	密輸品であるとの情を知りながら、これを買い取った場合、盗品等有償譲受け罪が成立する。〔3-24-ウ〕	×
5	本犯の被害物が同一性を失った場合には、被害者の当該被害物に対する追求権は失われるから、本犯の被害物の売却代金である金銭の贈与を受けても、盗品等に関する罪は、成立しない。〔19-27-ウ〕	○
6	本犯の被害物が同一性を失った場合には、被害者の当該被害物に対する追求権は失われるから、本犯の被害物である紙幣を両替して得た金銭の贈与を受けても、盗品等に関する罪は、成立しない。〔19-27-オ〕	×
7	Aは、B所有の腕時計を窃取したが、その後、犯行の発覚を恐れ、当該腕時計を自宅で保管していた。この場合において、Aには、窃盗罪に加えて盗品等保管罪が成立する。〔令3-26-ア〕	×
8	Aは、Bから、BがCから窃取した壺を被害者であるCに買い取らせることを持ちかけられ、当該壺が盗品であることを知りながら、これに応じ、Cと交渉の上、Cに当該壺を買い取らせた。この場合において、Aには、盗品等有償処分あっせん罪が成立する。〔令3-26-イ〕	○

×肢のヒトコト解説

1 本犯者には、盗品等の罪は成立しません。

4 密輸は犯罪ですが、ここで得た物は盗品ではありません。

6 盗んだ現金を両替しても、まだ盗品性は残っています。

7 窃盗犯には、本罪は成立しません。

これで到達！  合格ゾーン

☐ Aは、情を知って、同居の長男Bの依頼を受け、Bの友人であるCが窃取し、BがCから有償で譲り受けた普通乗用自動車を運搬した。この場合、Aには、盗品等運搬罪が成立し、その刑は免除されない。〔令5-26-4〕

★「配偶者との間又は直系血族、同居の親族等の間で盗品等関与罪（256）を犯した者は、その刑を免除する」という規定があります（257Ⅰ）。これは、親族関係が盗んだことを知った場合、その親族から盗品を取り上げて保管するなどの行為は、比較的ありがちなうえに、強くは非難しにくいので、刑を免除することにしたものと言われています。この親族関係は、盗品等関与罪の犯人と本犯者との間に存在することを要求するのが判例です（最決昭38.11.8）（上記の例ではAには、本犯者であるCとの間に親族関係がありません）。

第3章 社会的法益に対する罪

令和７年本試験は
ここが狙われる！

ここは、みんなが迷惑するから、犯罪にするというグループです。
出題は多くないので、放火に関する罪と、文書偽造に関する罪のみ勉強しておきましょう。

第1節 放火罪

放火罪にはいくつかの類型があり、本試験では「この事例は、どの犯罪類型に当たるか」が出題されます。

108条（現住建造物等放火）
放火して、現に人が住居に使用し又は現に人がいる建造物、汽車、電車、艦船又は鉱坑を焼損した者は、死刑又は無期若しくは５年以上の懲役に処する。

上記の**108条のポイントは、「又は」という点**です。

例えば、普段は誰かが住居で使用している家を燃やした場合、今、この建物に人がいなかったとしても、この108条に該当します。

一方、倉庫（その中に人がいる）を燃やした場合、倉庫は住居ではありませんが、人がいる建物を燃やした場合は、この108条に当たります。

> **109条（非現住建造物等放火）**
> 1　放火して、現に人が住居に使用せず、かつ、現に人がいない建造物、艦船又は鉱坑を焼損した者は、2年以上の有期懲役に処する。

ここのポイントは「かつ」という点です。

誰も住居使用はしていないし、しかも中に誰もいない、そういった場合だけ、109条になります。

108条・109条の判断のポイント
人 ＝「犯人以外」として判断する

人がいるかいないかの判断では、放火犯以外の他人がいるかを見ます。

仮に放火犯が家の中にいても、中に人はいないものとして処理するのです。

	事例	成立する犯罪
①	犯人が一人で住んでいる自宅に放火した場合	非現住建造物等放火罪

犯人を除いて考えれば、この家には人はいません。そのため、この家を燃やしても、現住建造物等放火罪になりません。

	事例	成立する犯罪
②	一人暮しの友人と共謀の上その友人の居住する家に放火した場合	非現住建造物等放火罪

共謀していることで、この友人も犯人と扱われます。その結果、この家には犯人以外の人は住んでいないことになります。

	事例	成立する犯罪
③	犯人以外の家族全員が旅行している間に自宅に放火した場合	現住建造物等放火罪

中に人はいませんが、**犯人以外の人が住居使用をしている**ので、現住建造物放火罪が成立します。

次は、成立する犯罪の数の論点に移ります。

	事例	結論
①	1個の放火行為によって2個の現住建造物を焼損した場合(大判大2.3.7)	現住建造物放火罪の1罪
②	1個の放火行為によって現住建造物と非現住建造物を焼損した場合(大判明42.11.19)	現住建造物放火罪の1罪
③	現住建造物を焼損する意図で隣接する非現住建造物に放火したが現住建造物を焼損するに至らなかった場合(大判大15.9.28)	現住建造物放火罪の未遂

成立する犯罪の数は、法益侵害の数で決まります。放火は、ある人の財産権を侵害していますが、それ以上にみんなが迷惑するために犯罪にしています。

周りの住民にとってみれば、1軒燃やされようが2軒燃やされようが、迷惑の数は変わりません。

そのため、**放火があった場合は、基本的には1罪が成立します**。

出題が多いのが、上の図表③です。

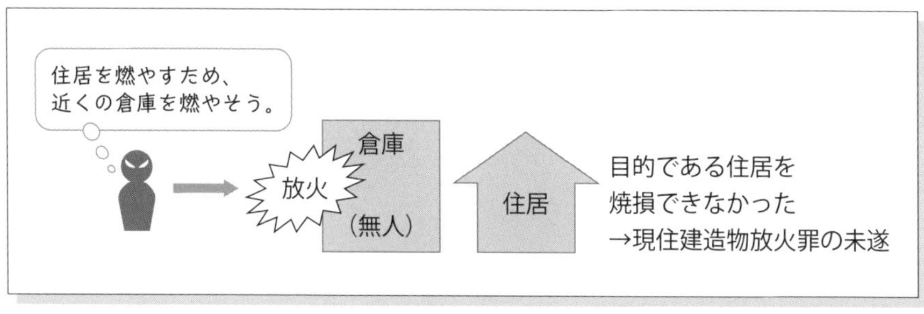

やっていることを見ると、現住建造物放火罪の未遂と非現住建造物放火罪の既遂と思うところですが、**法益侵害の数は1回なので、1罪しか成立しません**。判例は、今回の**犯罪の目的である現住建造物放火罪の未遂罪として処理**しています。

	事例	結論
④	他人所有の乗用車を焼損し、よって公共の危険を生じさせた場合	建造物等以外放火罪のみが成立

他人の物を壊した場合は、器物損壊罪という犯罪が成立します。

ただ、他人の物を燃やして壊した場合は、**器物損壊罪の法益侵害は、放火罪の法益侵害に吸収される**ため、放火罪のみ成立する処理がされます。

問題を解いて確認しよう

1	Aは、B及びその家族全員が旅行に出た後、B宅に火をつけて燃やした。Aについて非現住建造物等放火罪の既遂が成立する。〔9-26-5〕	×
2	一人暮らしの友人と共謀の上、その友人の居住する家に放火して焼損した場合、非現住建造物放火罪が成立する。〔58-27-2〕	○
3	Aは、B宅に侵入し、B及び同居の家族全員を殺害した上、B宅に火をつけて燃やした。Aについて非現住建造物等放火罪の既遂が成立する。〔9-26-1〕	○
4	Aは、B宅を燃やしてしまおうと考え、B宅の隣に建っていたC所有の物置に火をつけたが、物置が燃えたところで近所の住人らが消し止めたため、B宅には燃え移らなかった。Aについて非現住建造物等放火罪既遂及び現住建造物等放火罪の未遂が成立する。〔9-26-2（58-27-3、5-25-ウ、24-26-オ）〕	×
5	Aは、Bが外国製の高級乗用車を購入したのをねたみ、Bがその乗用車を自宅の前庭に駐車していたところ、これにガソリンをかけて火をつけ燃やしてしまったが、B宅への延焼は免れた。Aについて器物損壊罪が成立する。〔9-26-3〕	×

×肢のヒトコト解説

1　住居を燃やしているので、現住建造物等放火罪が成立します。

4　そもそもの目的であった現住建造物等放火罪の未遂罪のみ成立します。

5　器物損壊罪の法益侵害は、放火罪の法益侵害に吸収されるため、放火罪のみ成立します。

◆ 犯罪の類型と具体的公共の危険の発生 ◆

	現住建造物等放火罪(108)	非現住建造物等放火罪		建造物等以外放火罪	
		他人所有(109 I)	自己所有(109 II)	他人所有(110 I)	自己所有(110 II)
具体的公共の危険の発生	×	×	○(注)	○	○(注)

(注) 差押え・物権負担・賃貸・配偶者居住権・保険がついていると他人所有と扱われる(115)

放火罪の要件に、「具体的に誰かが迷惑を受けたか」があるかどうかをまとめた図です。

現住建造物放火罪の場合、この要件は不要で、誰かが迷惑を受けたかどうか関係なく犯罪が成立します。

一方、非現住建造物放火罪は、誰のものを燃やしたかで結論が異なります。他人の物を燃やした場合は、この要件は不要ですが、自分のものを燃やした場合は必要です。

つまり、誰も中にいない、かつ、住居使用がない自分の家を燃やした場合、誰かに迷惑をかけなければ犯罪ではないのです。

ただし、**その建物が差し押さえられていたり、保険がついていたりすると、それは他人所有と扱われます**。そのため、この要件は不要になり、誰かに迷惑をかけようがかけまいが、犯罪になります。

最後に、建物以外を燃やした場合の犯罪を説明します(図表の中の「建造物等以外放火罪」の部分です)。この場合は、**自分のものであれ、他人のものであれ誰かに迷惑をかけた場合だけ犯罪**になります。

問題を解いて確認しよう

1	Aは、保険金を詐取する目的で、人里離れた山中にある、自己所有の、人が住居に使用せず、かつ、人が現在しない、火災保険の付された別荘に放火して、これを焼損させたが、公共の危険は生じなかった。この場合、Aに非現住建造物等放火罪は成立しない。〔24-26-エ改題〕	×

ヒトコト解説

1　保険がついているため、他人所有と扱われます。そのため、具体的な危険がなくても犯罪が成立します。

◆建造物◆

一般論	家屋その他これに類する建築物であって、屋蓋を有し牆壁又は柱材によって支持され、土地に定着し、少なくともその内部に人が出入りしうるもの	
事　例	①毀損しない限り取り外すことのできないような天井板、敷居・鴨居、屋根瓦	○
	②取り外しの自由な雨戸、ふすま、板戸、畳、建具など	×

建物を燃やす犯罪を見ていますが、建物についている動産を燃やしたら、どうなるのでしょう。

建物本体ではなく、**動産であっても建物の一部とされているものを燃やせば、建物を燃やしたと評価されます**。

その基準は、**建物とその動産を「建物を壊さないで」取り外せるか**、で決まります。例えば、天井板は建物を傷つけないと取り外せません。こういったものは建物として扱われるため、天井板を燃やすと建造物放火罪と扱われます。

問題を解いて確認しよう

1	Aは、Bが住居に使用する同人所有の家屋を燃やそうと考え、火の付いた新聞紙を同家屋内の取り外しのできるふすまに近づけ、新聞紙の火をふすまに燃え移らせてこれを燃焼させた。この場合、火が媒介物を離れてふすまが独立に燃焼するに至ったのであるから、この段階で、Aは、現住建造物放火罪の既遂犯となる。〔オリジナル〕	×
2	現に人が住居に使用する木造家屋を燃やす目的で、取り外し可能な雨戸に火を付けた場合には、その雨戸が独立して燃え始めた段階で、現住建造物等放火の既遂罪が成立する。〔24-26-イ（31-25-イ）〕	×

ヒトコト解説

1,2 取り外しが可能な雨戸やふすまを燃やしても建物を燃やしたとは評価されません。

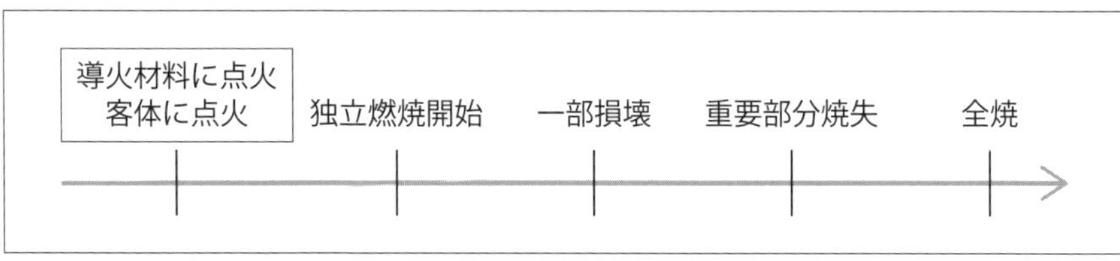

これが放火罪の流れで、2つほど注目すべき点があります。

1つ目が「導火材料に点火」という部分です。

例えば、新聞に火をつけて、その新聞を家に当てて放火をしようとする場合、この新聞が導火材料になります。

次に、独立燃焼という部分です。

火を当てても、すぐに離せば、火は消えます。ただ、しばらく当ててから離せば、**もう導火材料なしでも、燃える**でしょう。これを独立燃焼といいます。

放火罪は、導火材料に点火・客体に点火した時点で実行の着手になります。周りの人は、新聞に点火しているのを見ていたら、「家が燃やされるかも」と法益侵害の危険を感じるでしょう。

そして、**独立燃焼の段階になると既遂になります**。

日本は木造家屋が非常に多いため、一旦火がつけば簡単に燃え広がります。そこで、**できるだけ早めに既遂にしようとした**のです。

問題を解いて確認しよう

1	放火の目的で他人の住居に侵入した場合、放火の未遂になる。〔元-26-1〕	×
2	甲は、現に人の住居に使用する家屋を焼損する目的でこれに接続する犬小屋に放火したが、通行人に消し止められてその犬小屋を焼くだけにとどまった場合、現住建造物等放火罪の実行の着手は認められない。〔56-24-3〕	×
3	放火罪にいう「焼損」といえるためには、目的物の重要な部分が焼失してその効用が失われる状態に達することを要せず、目的物が独立して燃焼を継続し得る状態に達すれば足りる。〔31-25-ア〕	○

×肢のヒトコト解説

1 住居に侵入しただけでは、実行の着手になりません。

2 放火とは媒介物を利用する場合も含みます。

第2節 文書偽造罪

次は文書偽造に関する犯罪を見ていきます。まず、偽造の基本から説明しましょう。

借用証書

私Bは令和5年11月20日にAから金3,000万円をお借りします。

債務者B ㊞

ケース1) Bがこの文書を作ったが、実は債権額が100万円だった。
→ Bに対して責任追及できる。

上の事例で、この債権を信じて買った人は、Bに文句がつけられます。

「君が作った文書を信頼したんだ。どうしてくれるんだ」とBに文句をつけ、あとは債権を買った人とBで処理することになります。

ケース2) Bではない第三者がこの文書を作っていた(実は債権額は100万円だった)
→　Bに対して責任追及できない。

債権を買った人は「信じたのにだまされた」と思うかもしれませんが、この**B**に**対し責任追及できません。B自身はこの文書を作ったわけではない**からです。

文書にとって大切なところは、内容面もそうですが、それ以上に権限がある人が作ったかという点にあります。
「権限がある人が作っていれば、責任追及ができる」
「権限がない人が作っていたら、内容が嘘でも責任追及ができない」からです。

そのため、**文書を見るときに初めに確認することは、内容が真実かどうかではなく、その文書が権限のある者によって作られたかどうかという点**になります。

以上の点から、偽造罪の犯罪類型を説明していきます。

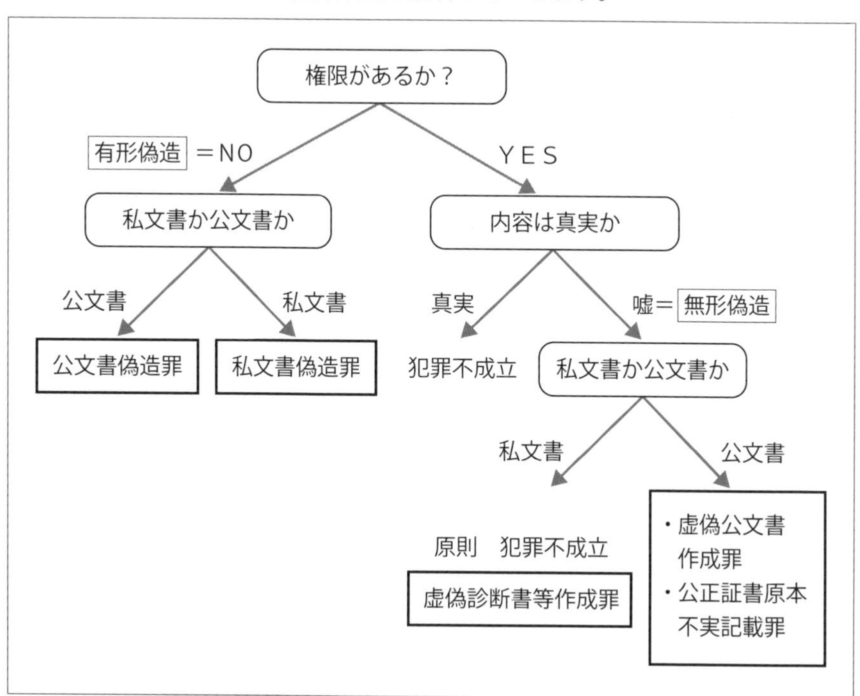

まず作った人に権限があるかどうかを見ます。**権限がない人が作っていれば、それだけで犯罪**です（これを有形偽造といいます）。

あとは、それが公文書か私文書かで「私文書偽造罪」「公文書偽造罪」と名前が変わります。

ただ、どちらにしても偽造という言葉が入っているのに注目してください。

偽造罪
→　権限がない人が作った。

このように考えるくせをつけましょう。

次に、権限がある人が文書を作った場合を検討してみましょう。

この場合は、文書の内容が真実であれば何の犯罪にもなりませんが、文書の内容が嘘だった場合（これを無形偽造といいます）、私文書か公文書かで分けることになります。

公文書の場合は、**内容の嘘（中身のウソのことを虚偽作成と呼びます）は、虚偽公文書作成罪という犯罪になります**（公正証書原本不実記載罪になることもありますが、これは後述します）。

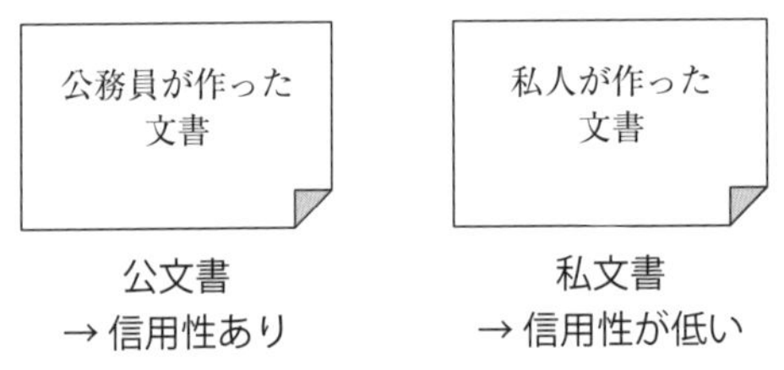

一方、**私文書の内容が嘘だった場合には、基本犯罪が成立しません**。

もともと私文書は、公文書と比べて、信用されていません。そのため、内容の嘘であっても基本は罰しないのです。

ただ、例外的に、内容が嘘の診断書や死亡届を作った場合には、虚偽診断書作成罪が成立することがあります。

「**私文書は中身が信用されていないため、原則として罰しない**」という点を押さえてください。

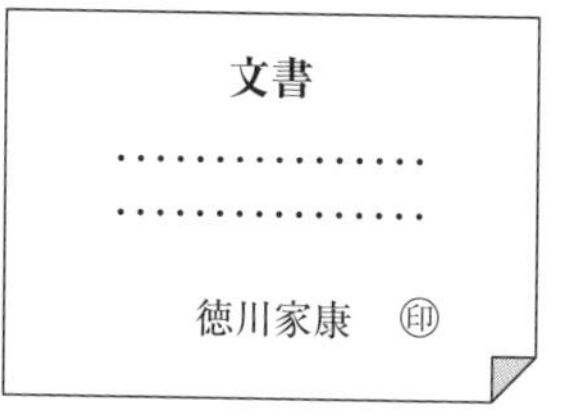

この文書をAが勝手に作った場合、文書偽造罪が成立するでしょうか。

これは、こういった文書があることを、周りの人々が信用するかどうかで決まります。

上記の名義人の徳川家康という方、歴史上の偉人と同姓同名の方が世の中にいるかもしれません。この文書は信用される可能性はあるので、偽造罪が成立する可能性はあります。

架空人名義の文書についても、偽造罪が成立する可能性があるということを押さえましょう。

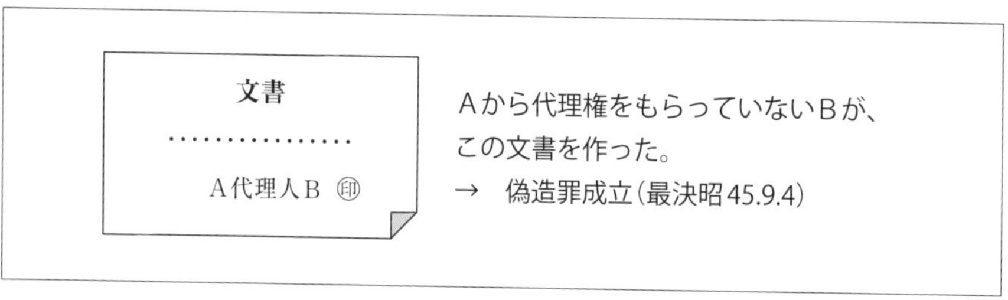

代理権がない人が、自分が代理人に選ばれた旨の委任状を作りました。**代理権がない、まさに権限がない人が作っている**ので、偽造罪になります。

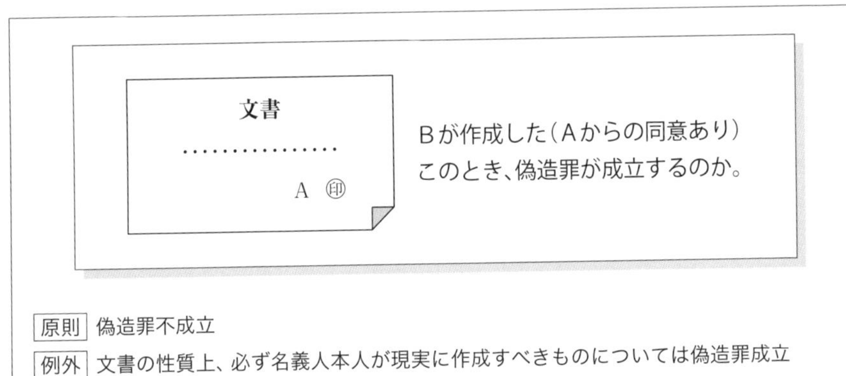

原則　偽造罪不成立
例外　文書の性質上、必ず名義人本人が現実に作成すべきものについては偽造罪成立

「自分は文章を作るのが苦手なので、代わりに文章を書いてくれないか」と頼まれて、別人が文書を作ることがあります。

この場合、偽造罪は成立しません。**文書を作る権限が認められるため**です。

ただ、**本人が絶対作らなければならない文書があります**。そういった文書を他人が作った場合は、承諾があったとしても偽造罪が成立します。

これについては、次の２つの事例を押さえてください。

ex① 犯罪の供述書（交通反則切符）

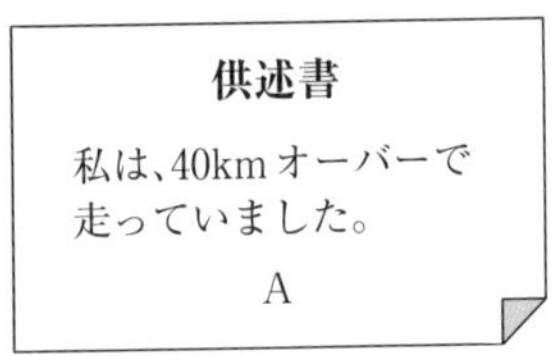
供述書
私は、40kmオーバーで走っていました。
A

Ｂは自分の免許の点数が残っていないことを、Ａに相談をしたところ、「次に捕まったら、自分の名前を使っていいよ」とＡから許諾をもらいました。

その後、Ｂが交通違反で捕まったときに、ＢはＡの名前を騙って上記のような供述書を作りました。

こういった**犯罪関係の書類は、必ず本人が書かなければなりません**。そのため、**別人がＡの名前を使えば、許諾があったとしても偽造罪になります**。

ex② 入試の答案（替え玉受験）

> **令和６年司法書士本試験**
> **記述式解答用紙**
>
> 受験番号　　1014
> 受験者　　　A
>
> 登記の目的　抵当権設定
> 原因及び日付………

入試の答案、これも必ず受験者の名前を書く必要があります。

そのため、いわゆる替え玉受験ということをして、Aさんから頼まれて、別人がAさんの名前を使って答案を作れば、偽造罪になります。

問題を解いて確認しよう

1	被疑者として取調べを受けた者が、司法警察官に提出する供述書を他人名義で作成した場合には、あらかじめその他人の承諾を得ていたときであっても、私文書偽造罪（刑法159条1項）が成立する。〔8-26-エ〕	○
2	交通違反を犯して免許停止等の行政処分を受けるのを回避するため、友人からあらかじめその氏名及び住所を使用することの承諾を得た上で、交通取締りを受けた際、交通事件原票中の供述書に当該友人の氏名及び住所を記載した場合には、私文書偽造・同行使罪は成立しない。〔24-25-オ〕	×
3	Aは、Bに対し、Cの代理人であると詐称し、C所有の土地をBに売り渡す旨の売買契約書に「C代理人A」として署名押印し、完成した文書をBに交付した。この場合には、Aに私文書偽造・同行使罪が成立する。〔25-26-オ〕	○
4	代理権を有しないBが、代理人であると偽ってA代理人B名義の文書を作成した場合には、有形偽造となる。〔17-26-オ改題〕	○
5	文書の作成権限を有する者が内容虚偽の文書を作成する行為を無形偽造という。〔17-26-イ改題〕	○
6	他人の作成名義を冒用して文書を作成する行為を無形偽造という。〔17-26-ア改題〕	×

7	公文書の作成権限がある公務員がその地位を濫用して公文書を作成した場合に成立し得るのは、有形偽造である。〔17-26-エ改題〕	×
8	刑法上、無形偽造は、公文書に関しては広く処罰の対象とされているが、私文書に関しては限定的である。〔17-26-ウ改題〕	○
9	私文書偽造罪が成立するためには、一般人をして実在者が真正に作成した文書と誤信させるおそれが十分にあれば足り、その名義人が架空であると実在であるとを問わない。〔11-26-3〕	○

×肢のヒトコト解説

2 承諾があったとしても、偽造罪になる例外の話です。

6 承諾がなければ、他人の名前を使う権限はありません。そのため、この事案は有形偽造です。

7 権限がある以上、内容がうそという無形偽造の可能性しかありません。

2周目はここまで押さえよう

		犯罪の成否
資格の詐称	Aが、実在の弁護士と同姓同名であることを利用して、「弁護士A」名義で文書を作成し行使する場合（最決平5.10.5）。	○
偽名の記載	就職しようと考えたAが、自らの顔写真を貼り付けた履歴書の作成にあたり、虚偽の生年月日、住所、経歴等を記載したうえ、偽名Xを用いた（最決平11.12.20）。	○
通称名	日本に密入国したAが、20 年以上にわたってB名義を勝手に使用し通称として定着した後に、当該通称名を使用して再入国許可申請書を作成した場合（最判昭59.2.17）。	○

架空請求をして一儲けしよう。
弁護士だと信用されるだろう

田中太郎（弁護士資格なし）

請求書

あなたは、○○さんに1,000万円の債務を支払っていません。
今月中までに、当事務所に支払いがなければ強制執行します。

弁護士　田中太郎

田中太郎（弁護士資格なし）は、電話帳から自分と同姓同名の弁護士がいることを知りました。そこで、上記のような架空請求をするための請求書を作成し、ある方に送付しました。

ここで、田中太郎は「自分の名前の文書」を作っているのですが、偽造罪になります。

田中太郎には、田中太郎と名乗る権限はありますが、

田中太郎には、弁護士　田中太郎と名乗る権限はないからです。

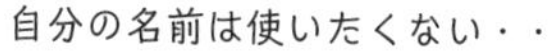

就職活動中のA

履歴書

Aの写真

氏名　X
経歴　････

Aは自分の写真を張り、X名義の履歴書を作りました。

この行為は偽造罪として扱われます。Aには、Xを名乗る権限がないからです。

この観点で、上の図表中の通称名の事例を見てください。Aには、偽名Bを名乗る権限がないため、その行為は偽造罪と扱われます。

1	Aは、司法書士ではないのに、同姓同名の司法書士が実在することを利用して、Bから司法書士の業務を受任した上、当該業務に関連してBに交付するため、「司法書士A」の名義で報酬金請求書を作成した。この場合には、Aに私文書偽造罪は成立しない。〔25-26-ア〕	×
2	密入国者Aが、法務大臣から再入国許可を受けるために、他人であるB名義でその承諾なく再入国許可申請書を作成した。この場合において、Aが長年自己の氏名としてBの氏名を公然使用し、Bの氏名が相当広範囲にAを指称する名称として定着していたときは、Aには、私文書偽造罪は成立しない。〔30-24-ア〕	×

3	Aは、就職活動に使用するため、履歴書に虚偽の氏名、生年月日、経歴等を記載したが、これに自己の顔写真を貼付しており、その文書から生ずる責任を免れようとする意思は有していなかった。この場合、Aには、私文書偽造罪は成立しない。〔30-24-オ〕	×

これで到達！ 合格ゾーン

□ 代理人Aが、本人Bに示すため、法務局作成に係る供託金受領書の金額欄に虚偽の金額を記入した紙片を当てて電子複写機によりコピーを作成した場合、公文書偽造罪は成立する（最判昭51.4.30）。

★コピーに偽造罪が成立するかどうかは、コピーが信用性を持つかどうかにかかります。供託金受領書（原本）の写しは、原本と同一の意識内容を有し証明文書としての社会的機能と信用性を有するため、それに手を加えることは偽造になります。

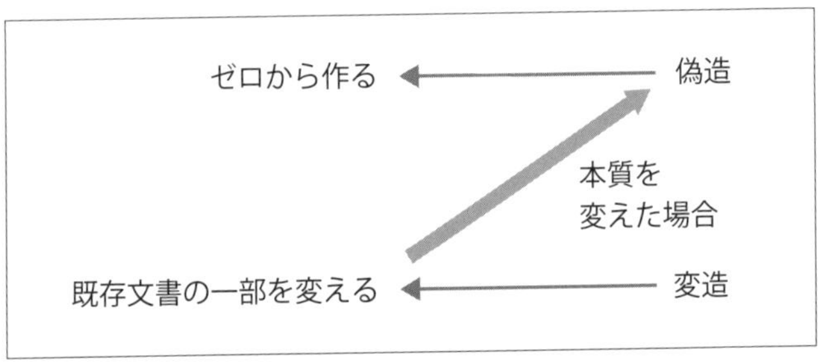

偽造罪は、偽造罪と変造罪に細かく分けることができます。

これは、ゼロから作ったのか（偽造）と、今ある文書の一部を変えたのか（変造）を区別するためです。

ただ、**文書の一部に手を加えても本質的な部分に手を加えた場合は偽造**となります。**本質に手を加えれば、もう新たな文書を作ったと評価される**のです。

例えば、

証明写真の人の名前を変えたり、写真をすり替えたりする

金銭が載っている文書の、金額を書き換える

のは、偽造と扱われます。

問題を解いて確認しよう

1	刑法は、作成権限を有しない者が他人の名義を冒用して私文書を作成することを偽造とし、真正に作成された他人名義の私文書の非本質的部分に変更を加え新たな証明力を作り出すことを変造として、両者を区別している。〔2-26-2〕	○
2	Aは、警察官から求められたときに提示する目的で、公安委員会が発行したBの自動車運転免許証の写真を自分の写真に貼り替えるとともに、生年月日欄を自分の生年月日に改めた。この場合、他人の運転免許証の写真及び生年月日を自分のものに替えることは、文書の重要部分に変更を加えるものであるから、Aには、公文書偽造罪が成立する。〔オリジナル〕	○
3	市長の記名押印がある売買契約書の原本の売買代金欄の「7,000,000」の記載の左横に鉛筆で「1」と書き加え、代金が1,700万円であるかのように改ざんし、これを複写機械によりコピーして、あたかも真正な売買契約書の原本を原形どおりに正確にコピーしたかのように売買契約書の写しを作成した場合には、公文書変造罪（刑法155条2項）ではなく、公文書偽造罪（刑法155条1項）が成立する。〔8-26-ア〕	○

157条（公正証書原本不実記載等）

公務員に対し虚偽の申立てをして、登記簿、戸籍簿その他の権利若しくは義務に関する公正証書の原本に不実の記載をさせ、又は権利若しくは義務に関する公正証書の原本として用いられる電磁的記録に不実の記録をさせた者は、5年以下の懲役又は50万円以下の罰金に処する。

これは虚偽公文書作成の特殊ケースです。例えば、登記官をだまして、ウソの登記簿を作った場合は、この犯罪が成立します。

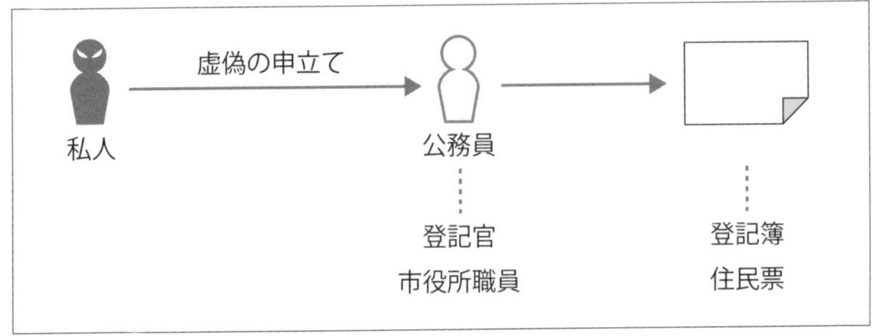

私人が公務員に対し、虚偽の申立てをして、そして、公務員にその文書を作らせる、これが公正証書原本不実記載罪です。

ある意味、**公務員を道具にしてウソの文書を作る犯罪**です。

では、どのような文書を作らせた場合に、この犯罪が成立するのでしょうか。

条文には、「権利もしくは義務に関する公正証書の原本」と記載されています。ここは、権利義務の証明書と思ってください。

> 公務員がその職務上作成する文書であって、権利義務の得喪・変更に関係のある事実の存在を公に証明する効力を持つもの
> ※　その目的が特に私法上の権利義務を証明するためであると否とを問わない（大判大11.12.22、最判昭36.3.30）。

例えば、ウソの住所を申告し、ウソの住民票を作ってもらうというケースも犯罪になります。住民票というのは、住所を証明するものでもありますが、その**市民の地位を持っているという権利の証明書にもなっています**。

そのため、住民票も権利義務の証明書に該当するので、犯罪の対象になるのです。

> 公務員において申立てに基づきその内容のいかんを審査することなく記載するものであると、若しくはその内容を審査しこれを取捨選択して記載するものであるとを問わない（大判大11.12.22、最判昭36.3.30）。

例えば、登記簿を作る登記官の審査には実質的審査権がなく、形式的審査権しかありません。このような文書についても、この犯罪は成立します。

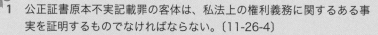

問題を解いて確認しよう

1 公正証書原本不実記載罪の客体は、私法上の権利義務に関するある事実を証明するものでなければならない。〔11-26-4〕 

2 公正証書原本不実記載罪の客体は、申立ての内容につき公務員に実質的審査権があるものであるか否かを問わない。〔11-26-5〕 

×肢のヒトコト解説

1 住民の地位を表す証明書も対象になります。

これで到達！ 合格ゾーン

- □ 公務員でない者が情を知らない公務員に対し内容虚偽の申告をして、内容虚偽の公文書を作成させた場合には、公正証書原本不実記載罪が成立する。そして、虚偽公文書作成罪の間接正犯としては処罰されない（最判昭27.12.25）。

- □ 作成権限者たる公務員の職務を補佐して公文書の起案を担当する職員が、作成権限者たる公務員を利用して虚偽の公文書を作成させた場合、虚偽公文書作成罪の間接正犯となる（最判昭32.10.4）。

  ★虚偽公文書作成罪の間接正犯が成立するか、という議論については、すでにその形態を公正証書原本不実記載罪（157 Ⅰ）として規定していることから、それと重なる内容を間接正犯として認める必要がないという見解が有力になっています。ただ、判例は、公務員が行ったケースと、公文書の起案を担当する職員が行ったケースで結論を分けています。

第4章 国家的法益に対する罪

国家の法益を守りたいから犯罪にするというパターンです。出題数は、極端に少ないため、出題実績があるもののみを紹介します。
本書に掲載している犯罪以外は、学習初期段階では無視して、直前期に軽く条文などを見ておけば十分でしょう。

第1節 公務執行妨害罪

95条（公務執行妨害及び職務強要）
1　公務員が職務を執行するに当たり、これに対して暴行又は脅迫を加えた者は、3年以下の懲役若しくは禁錮又は50万円以下の罰金に処する。

国の法益を害した場合に処罰する犯罪類型、代表的なものがここに載っている公務執行妨害罪という、公務員に暴力を加えた場合の犯罪です。

保護法益	日本国の公務すなわち国又は公共団体の作用（最判昭28.10.2） ※公務そのものを保護するものであり、公務員を特別に保護する趣旨ではない。
既遂時期	現実に職務の執行が妨害されたことは要しない。妨害となるべき行為があれば公務執行妨害罪が成立する（抽象的危険犯、最判昭25.10.20）。

保護法益、ここがポイントです。

この犯罪は、**公務員という人を保護しようとしているのではなく、国のお仕事自体を保護しようとしています。**

また、仕事の邪魔になる危険性が生じた時点で既遂になります。実際には**邪魔にならなくても、既遂となる**ことに注意しましょう。

適法性の要否	職務の執行は適法なものでなければならない(大判大7.5.14、通説)。
適法性の判断基準	裁判所が法令を解釈して裁判時に判明した事後的な事情をも考慮して判断する →現行犯逮捕されようとした者が警察官に暴行・脅迫を加えたが後に当該現行犯逮捕に係る事件について無罪の確定裁判を受けた場合、公務執行妨害罪は成立する(最判昭41.4.14)。

保護法益は公務ですが、もしそれが**違法な公務であれば保護に値しません**。そのため、違法な公務に対し暴力を振るっても、公務執行妨害罪は成立しません。

・ 夜中に、人の家の塀から出てくる人がいる。
・ 警察はそれを見つけて捕まえようとする。
・ その人は抵抗して警察を殴ったが、捕まった。
・ 後日、その人は夫婦ゲンカから逃げるために逃げ出していたことが分かった。
→ 殴った行為は公務執行妨害罪なのか？

犯人じゃない人を捕まえる、これは違法な公務です。ただ、この違法かどうかというのは、裁判の時点で決めるのではありません。**当時の状況から見て違法かどうかで判断する**のです。

当時の状況から見れば、どう見てもあの人が犯人と思って逮捕したのであれば、適法な公務と扱われます。後日、その人が犯人でなくても、その逮捕は、その時点では適法だったと扱われます。

もし、その逮捕に対して暴力を使って邪魔していれば、適法な公務を妨害したことになり、公務執行妨害罪が成立します。

	事例	結論
①	暴行が、公務員に向けられたが、直接公務員の身体に対して加えられなかった場合(最判昭37.1.23)	犯罪成立
②	物に対する有形力の行使が間接的に公務員の身体に物理的影響を与える場合(間接暴行)(覚醒剤取締法違反の現行犯逮捕の現場で司法巡査に証拠物として差し押さえられた覚醒剤注射液入りアンプルを足で踏みつけて破壊した場合につき最決昭34.8.27)	犯罪成立

上の①②の事例は、両方とも公務執行妨害罪になります。

暴力は、実際に公務員に当てる必要はありません。また、②の事例のように、

多少でも仕事の邪魔になる可能性があれば、公務執行妨害罪は成立します。

	事例	結論
③	公務員の指揮に従いその手足となって職務執行に密接不可分の関係において関与する補助者に対して暴行を加えた場合（最判昭41.3.24）	犯罪成立

保護法益は公務員ではなく、公務という国の仕事です。そのため、アルバイトを殴ったとしても、国の仕事の邪魔になれば、公務執行妨害罪は成立します。

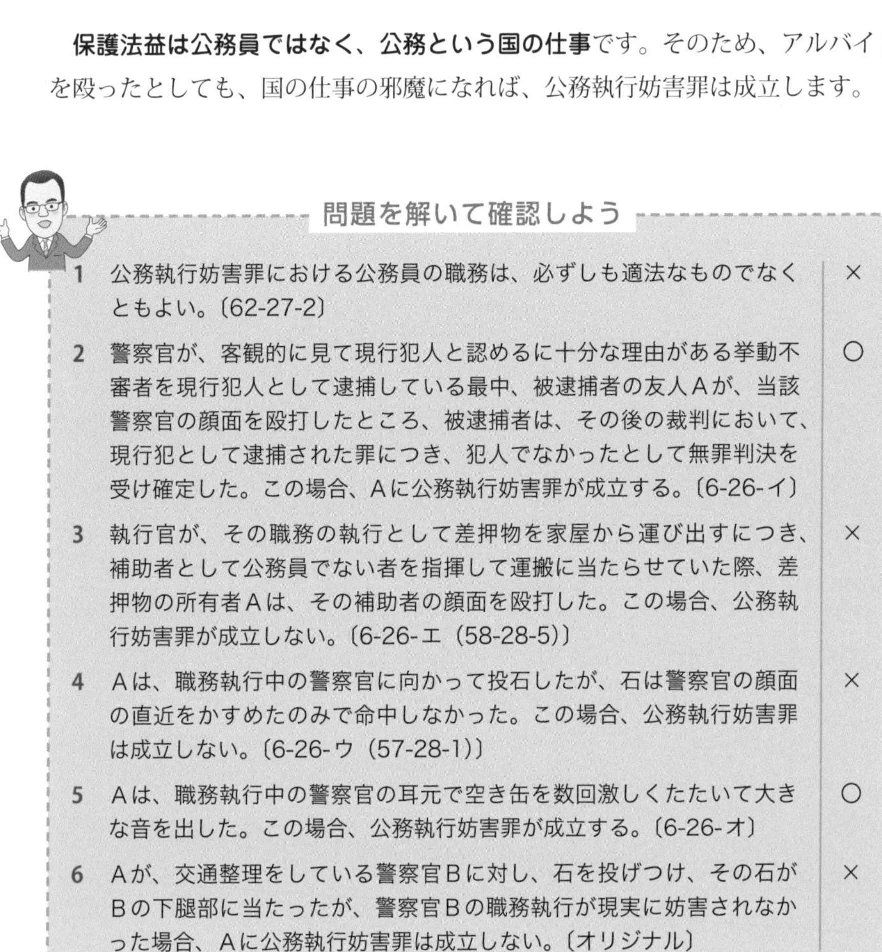

問題を解いて確認しよう

1	公務執行妨害罪における公務員の職務は、必ずしも適法なものでなくともよい。〔62-27-2〕	×
2	警察官が、客観的に見て現行犯人と認めるに十分な理由がある挙動不審者を現行犯人として逮捕している最中、被逮捕者の友人Aが、当該警察官の顔面を殴打したところ、被逮捕者は、その後の裁判において、現行犯として逮捕された罪につき、犯人でなかったとして無罪判決を受け確定した。この場合、Aに公務執行妨害罪が成立する。〔6-26-イ〕	○
3	執行官が、その職務の執行として差押物を家屋から運び出すにつき、補助者として公務員でない者を指揮して運搬に当たらせていた際、差押物の所有者Aは、その補助者の顔面を殴打した。この場合、公務執行妨害罪が成立しない。〔6-26-エ（58-28-5）〕	×
4	Aは、職務執行中の警察官に向かって投石したが、石は警察官の顔面の直近をかすめたのみで命中しなかった。この場合、公務執行妨害罪は成立しない。〔6-26-ウ（57-28-1）〕	×
5	Aは、職務執行中の警察官の耳元で空き缶を数回激しくたたいて大きな音を出した。この場合、公務執行妨害罪が成立する。〔6-26-オ〕	○
6	Aが、交通整理をしている警察官Bに対し、石を投げつけ、その石がBの下腿部に当たったが、警察官Bの職務執行が現実に妨害されなかった場合、Aに公務執行妨害罪は成立しない。〔オリジナル〕	×

×肢のヒトコト解説

1 違法な公務は保護に値しません。

3 公務の邪魔になっているので、公務執行妨害罪は成立します。

4 石を投げられれば、仕事の邪魔にはなります。

6 邪魔になる可能性が生まれた時点で既遂になります。

第2節 偽証罪　犯人蔵匿等

169条(偽証)
法律により宣誓した証人が虚偽の陳述をしたときは、3月以上10年以下の懲役に処する。

訴訟において、「自分は嘘をつきません」と宣言したにもかかわらず、嘘をついた場合、裁判を邪魔したと扱って処罰します。

保護法益	国家の審判作用の安全
構成要件	①法律により宣誓した証人が(身分犯) ②虚偽の陳述をした 「虚偽」とは、陳述の内容をなす事実が、証人の記憶に反することである(主観説、大判明42.6.1)。

ポイントは2つあります。

まず1つ目は、証人という点です。**裁判の当事者(原告・被告・被告人)などが嘘をつくということは処罰できません**。**勝つために、嘘をつくのはやむを得ない**からです。

次のポイントは、「虚偽」の意味です。

この犯罪の「虚偽」とは、真実を言ったかどうかで決まるのではなく、**自分の記憶と合った証言をしているかどうかで決まります**。

そのときの信号は赤色だったと思う。
ただ、本当にそうなのかな…。
(真実は青色だったら、偽証罪になるのかな…)

証人に真実を話しなさいと要求するのは、酷です。

そこで、

刑法

自分の記憶と一致することを言えばいいよ。
記憶と一致していることを言えば、仮にそれが真実でなかったとしても、犯罪にしないよ。

としているのです。

例えば、「記憶と違うことを証言する。ただ、それが真実だった」場合はどうなるでしょう。

偽証罪が成立します。**記憶と違うことを証言している**からです。

172条(虚偽告訴等)
人に刑事又は懲戒の処分を受けさせる目的で、虚偽の告訴、告発その他の申告をした者は、3月以上10年以下の懲役に処する。

「あの人を刑務所に入れてしまいたい」、「あの公務員を懲戒免職にしたい」などと考えて、ウソの通報をした場合の犯罪です。

ここでいうウソが、先ほど見た偽証罪と異なっています。

偽証罪	虚偽告訴罪
自分の記憶と違うこと	真実と異なること

「○○は万引きなんてしていないだろう」と思いながらも、虚偽の通報をしたところ、実際調べてみたら、万引きをしていたことがわかりました。

この場合、虚偽告訴罪は成立しません。

（偽証罪と結論が逆になっていますが、ここの理由を突き詰めずに、覚えてしまってください。）

問題を解いて確認しよう

1	民事訴訟の原告として法廷に出頭し、宣誓をしたにもかかわらず、自己の記憶と全く異なる内容の陳述をした場合、偽証罪は成立する。〔59-26-2〕	×
2	証人が自己の記憶に反する証言をした場合、証言内容から客観的真実に合致していても、偽証罪は成立する。〔3-25-オ〕	○
3	Aは、被告人Bによる傷害事件の公判で証言した際、実際は目撃などしていないのに、Bの犯行状況を想像して証言したが、その後、他の証拠により、Aの証言どおりの事実であることが明らかとなった。この場合、Aには、偽証罪は成立しない。〔28-26-エ〕	×
4	申告内容が虚偽であることを知りながら、虚偽告訴をしても、申告内容が客観的真実に合致していれば、虚偽告訴罪は成立しない。〔3-25-ウ〕	○

×肢のヒトコト解説

1　当事者が嘘をついても、偽証罪にはなりません。

3　記憶と違うことを証言しているので、偽証罪が成立します。

◆犯人蔵匿・証拠隠滅の罪◆

	犯人蔵匿罪（103）	証拠隠滅罪（104）
保護法益	国の刑事司法作用	
主体	罰金以上の刑に当たる罪を犯した者・拘禁中に逃走した者以外の者	当該刑事被告事件の被告人以外の者
実行行為	①「蔵匿」官憲による発見・逮捕を免れるべき隠匿場を供給すること ②「隠避」蔵匿以外の方法により官憲の発見・逮捕を免れさせる一切の行為（逃走資金の調達、捜査状況の通報など）（大判昭5.9.18）	①「隠滅」物理的な滅失のみならず、証拠の効力を滅失・減少させるすべての行為を指し、証拠の蔵匿も含む（大判明43.3.25）。 ②「偽造」 ③「変造」 ④「使用」

＜犯人蔵匿罪＞

これは犯人を隠すなどして、捜査の邪魔をした場合に成立する犯罪です。

条文に規定する行為には、蔵匿と隠避があります。

蔵匿というのは、隠れ家を提供するというイメージです。

一方、隠避というのは、隠すという感覚ではなく、蔵匿以外のありとあらゆる行為と思ってください。

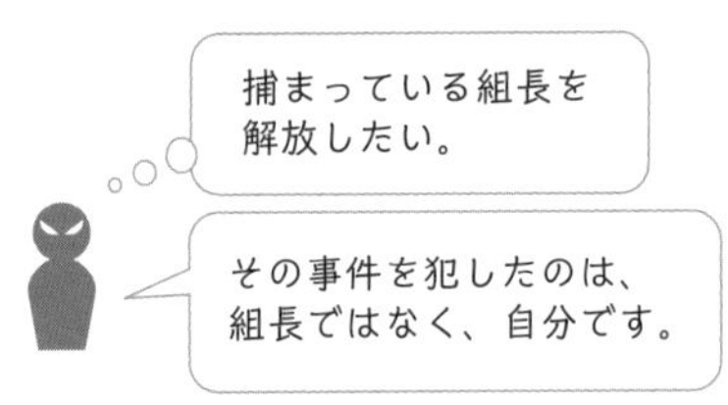

上記のように、自分の知り合いを解放させるために、自分が真犯人と申し出る行為も、隠避に該当します。**蔵匿はしていなくても、捜査の邪魔になったら「隠避した」として処罰する**のです。

	事例	結論
①	真に罰金以上の刑に当たる罪を犯した者であることを知りながら、捜査開始前の段階でかくまった場合（最決昭28.10.2）	犯罪成立
②	その犯した罪について言い渡された裁判が確定していない者を蔵匿・隠避した場合（大判大4.12.16）	犯罪成立
③	不起訴処分を受けた者や親告罪についてまだ告訴されていない者を蔵匿・隠避した場合（通説、不起訴処分につき東京高判昭37.4.18）	犯罪成立

保護法益は、警察の捜査です。上の**どの事例についても、結局は警察の捜査を邪魔している**ため、犯人蔵匿罪が成立するのです。

＜証拠隠滅罪＞

これは、証拠を消滅させるなどして、捜査の邪魔をした場合に成立する犯罪です。

条文に規定する行為には、「隠滅」「偽造」「変造」「使用」があります。

この中の「隠滅」というのは、文字通りの意味で処理するのではなく、**証拠を**

使いづらくする一切の行為を指します（犯人蔵匿罪の「隠避」と同じ感じです）。
後に掲載されている過去問〔28-26-オ〕で検討してみてください。

今検討している表の「主体」を見てください。両方とも「以外」という字がないでしょうか。

犯人蔵匿罪（103）証拠隠滅罪（104）偽証罪（169）のすべてに共通するのですが、**犯人自身がやっても犯罪にならない**のです。

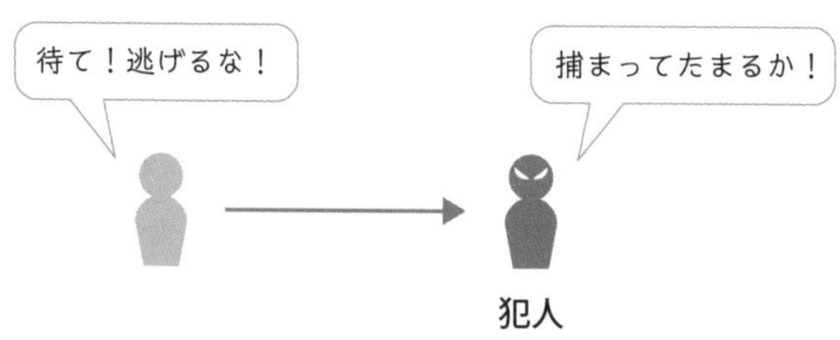

待て！逃げるな！
捕まってたまるか！
犯人

犯人自身が、どこかに逃亡することは犯罪にできません。これは、犯罪をした人はつかまりたくないので、**逃げることを非難できないため**です。

◆ 正犯になり得ない者についての教唆犯の成否 ◆

○＝各罪の教唆犯が成立する　×＝成立しない

犯人蔵匿罪（103）	罰金以上の刑に当たる罪を犯した者が他人を教唆して自己を隠避させた場合（最決昭40.2.26）	○
証拠隠滅罪（104）	犯人が他人を教唆して自己の刑事事件に関する証拠を偽造させた場合（最決昭40.9.16）	○
偽証罪（169）	刑事被告人が自己の刑事被告事件について他人を教唆して虚偽の陳述をさせた場合（最決昭28.10.19）	○

犯人が人に対して、「自分を逃がせ」と教唆すると、**その犯人は、犯人蔵匿の教唆をした**と扱われて、処罰されます。

「なぜ、逃げるんだ！」と非難はできませんが
「なぜ、他人を巻き込むんだ」とは非難できるからです。

問題を解いて確認しよう

1	罰金以上の刑にあたる罪を犯した者であることを知りながら、その犯罪が警察等の捜査機関に発覚しない段階で、捜査機関の発見・逮捕を免れさせるため、その者をかくまった場合、犯人蔵匿罪が成立する。〔6-23-イ〕	○
2	罰金以上の刑にあたる罪の犯人として指名手配されている者を蔵匿したが、その者は真犯人でなかった場合、犯人蔵匿罪が成立する。〔6-23-オ〕	○
3	罰金以上の刑にあたる罪の真犯人が既に逮捕・勾留されている段階で、その者の身代わりとなる目的で警察に出頭して自分が真犯人である旨申し述べた場合、犯人隠避罪が成立する。〔6-23-ウ〕	○
4	Aは、友人Bが犯した殺人事件について、その目撃者Cが警察に協力すれば、Bが逮捕されてしまうと考え、それを阻止するため、Cに現金を与えて国外に渡航させ、国外で5年間生活させた。この場合、Aには、証拠隠滅罪が成立する。〔28-26-オ〕	○
5	Aは、美術館から絵画10点を一人で盗み出して自宅に保管していたところ、警察がAを犯人として疑っていることを知り、自宅を捜索されることを恐れて、その絵画を全て切り刻んでトイレに流した。この場合、Aには、証拠隠滅罪が成立する。〔28-26-ア〕	×
6	詐欺罪を犯した者が自ら行方をくらませても犯人隠避罪は成立しないが、他人を教唆して自己をかくまわせたときは、犯人隠避罪の教唆犯が成立する。〔62-24-5〕	○

×肢のヒトコト解説

5 犯人自身が証拠を隠滅しても、証拠隠滅罪にはなりません。

これで、刑法の講義は終了です。

ここでは、本書を通読した後の学習方法について、説明します。

〈本書を通読した方の今後の学習法〉
① 本書を、順番通り2回から3回通読していく
↓
② 本書に掲載されている問題のみ解いていく
(間違えたものは本文を読む)
↓
③ 過去問を解く、必ず答案練習会に参加する

刑法の学習は、⑴**犯罪の構成要件を覚えて、**⑵**事例を見て「その要件を満たしているかどうか」を確認すること**につきます。

まずは、2回から3回、**本書を順番通り読んでいきましょう**。これをすることによって、上記の⑴⑵の手順を繰り返すことができます。

そして、本書を読む回数が増えてきたら、**「本書についている問題を解く」**→**「間違えるところについて本書を読む」**ようにしましょう。

知識を確認することができるだけでなく、間違えたところ「だけ」を読むことによって、効率的に弱点を潰すことができるようになります。

ここまでできるようになれば、合格力は相当ついてきます。**あとは、新しい事例に触れて当てはめる作業をしていきましょう**。

そのために、ぜひ合格ゾーン（過去問題集）を解いたり、答案練習会（ＬＥＣ精撰答練）に参加し、**新作問題を解くようにしましょう**。

索引

あ行

か行

さ行

た行

は行

ま行

や行

ら行

〈執筆者〉

根本 正次（ねもと しょうじ）

2001年司法書士試験合格。2002年から講師として教壇に立ち、20年以上にわたり初学者から上級者まで幅広く受験生を対象とした講義を企画・担当している。講義方針は、「細かい知識よりもイメージ・考え方」を重視すること。熱血的な講義の随所に小噺・寸劇を交えた受講生を楽しませる「楽しい講義」をする講師でもある。過去問の分析・出題予想に長けており、本試験直前期には「出題予想講座」を企画・実施し、数多くの合格者から絶賛されている。

令和7年版 根本正次のリアル実況中継
司法書士 合格ゾーンテキスト
9 刑法

2019年7月5日　第1版　第1刷発行
2024年7月5日　第6版　第1刷発行

執　筆●根本 正次
編著者●株式会社　東京リーガルマインド
LEC総合研究所　司法書士試験部

発行所●株式会社　東京リーガルマインド
〒164-0001　東京都中野区中野4-11-10
アーバンネット中野ビル
LECコールセンター　0570-064-464
受付時間　平日9:30～20:00/土・祝10:00～19:00/日10:00～18:00
※このナビダイヤルは通話料お客様ご負担となります。
書店様専用受注センター　TEL 048-999-7581 / FAX 048-999-7591
受付時間　平日9:00～17:00/土・日・祝休み
www.lec-jp.com/

本文デザイン●株式会社リリーフ・システムズ
本文イラスト●小牧 良次
印刷・製本●図書印刷株式会社

ISBN978-4-8449-6313-4

根本正次

LEC専任講師

誰にもマネできない記憶に残る講義

司法書士試験は、「正しい努力をすれば」、「必ず」合格ラインに届きます。
そのために必要なのは、「絶対にやりぬく」という意気込みです。
皆さんに用意していただきたいのは、
司法書士試験に一発合格する！という強い気持ち、この1点だけです。
あとは、私が示す正しい努力の方向を邁進するだけで、
合格ラインに届きます。

私の講義ここがPoint!

1 わかりやすいのは当たり前！私の講義は「記憶に残る講義」

❶ 知識の1つ1つについて、しっかりとした理由付けをする。

❷ 一度の説明ではなく、時間の許す限り繰り返し説明する。

❸ 寸劇・コントを交えて衝撃を与える。

---

2 法律を教えるのは当たり前！時期に応じた学習計画も伝授

❶ 講義の受講の仕方、復習の仕方、順序を説明する。

❷ すでに学習済みの科目について、復習するタイミング、復習する範囲を指示します。

❸ どの教材を、いつまでに、どのレベルまで仕上げるべきなのかを細かく指導する。

---

3 徹底した過去問重視の指導

❶ 過去の出題実績の高いところを重点に講義をする。

❷ 復習時に解くべき過去問を指摘する。

❸ 講義内で過去問を解いてもらう。

Nemoto

その裏に隠された緻密な分析力！

私のクラスでは、
❶ 法律を全く知らない人に向けて、「わかりやすく」「面白く」「合格できる」講義と
❷ いつ、どういった学習をするべきなのかのスケジュールと
❸ 数多くの一発合格するためのサポートを用意しています。
とにかく目指すは、司法書士試験一発合格です。一緒に頑張っていきましょう！

合格者の声　根本先生おすすめします！

一発合格

長井 愛さん

根本先生の講義はとにかく楽しいです。丁寧に、分かりやすく説明してくださる上に、全力の寸劇が何度も繰り広げられ、そのおかげで頭に残りやすかったです。また先生作成のノートやレジュメも分かりやすくて大好きです！！

一発合格
最年少合格

大島 駿さん

根本先生の良かった点は、講義内容のわかりやすさはもちろん、記憶に残る講義だということです。正直、合格できた１番の理由は根本先生の存在があったからこそだと思います。

一発合格

大石徳子さん

根本講師は、受験生の気持ちを本当に良く理解していて、すごく愛のある先生だと思います。講座の区切り、区切りで、今受験生が言ってもらいたい言葉を掛けてくれます。

一発合格

望月飛鳥さん

初学者の私でも分かりやすく、楽しく授業を受けられました。講義全体を通して、全力で授業をしてくれるので、こちらも頑張ろうという気持ちになります。

一発合格

H・Tさん

寸劇を交えた講義が楽しくイメージしやすかったです。問題を解いている時も先生の講義を思い出せました。

一発合格

田中佑幸さん

根本先生の『論点のストーリー説明→条文根拠づけ→図表まとめ』の講義構成がわかりやすく記憶に残りやすかったです。

著者 根本講師が担当 司法書士講座のご案内

新15ヵ月合格コース

短期合格のノウハウが詰まったカリキュラム

LECが初めて司法書士試験の学習を始める方に自信をもってお勧めする講座が新15ヵ月合格コースです。司法書士受験指導40年以上の積み重ねたノウハウと、試験傾向の徹底的な分析により、これだけ受講すれば合格できるカリキュラムとなっております。司法書士試験対策は、毎年一発・短期合格を輩出してきたLECにお任せください。

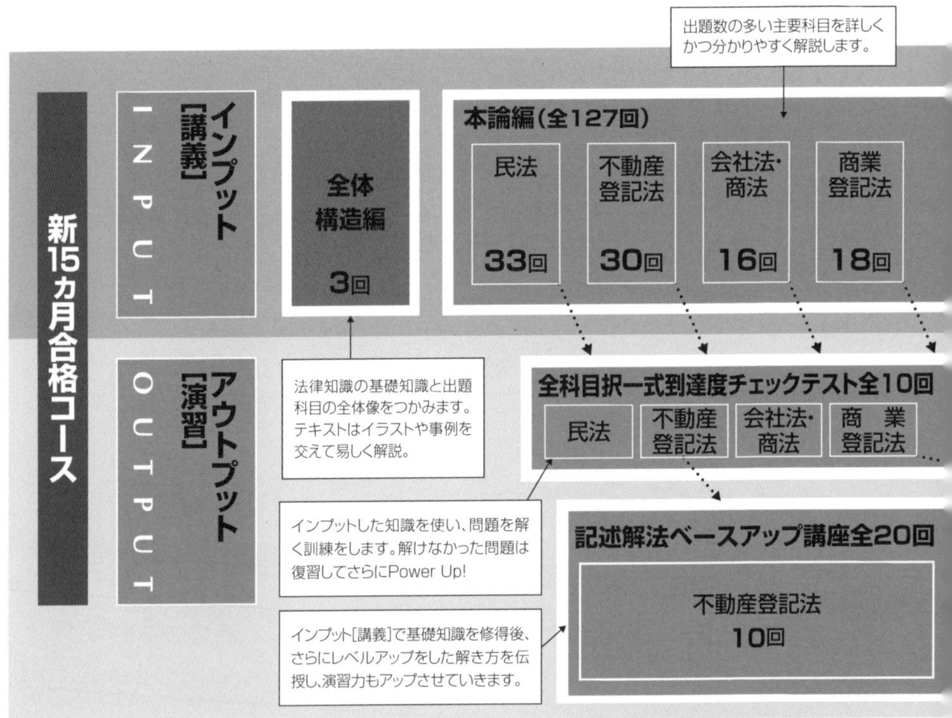

出題数の多い主要科目を詳しくかつ分かりやすく解説します。
新15ヵ月合格コース
インプット【講義】 INPUT
全体構造編 3回
本論編(全127回)
民法 33回
不動産登記法 30回
会社法・商法 16回
商業登記法 18回
アウトプット【演習】 OUTPUT
法律知識の基礎知識と出題科目の全体像をつかみます。テキストはイラストや事例を交えて易しく解説。
全科目択一式到達度チェックテスト全10回
民法
不動産登記法
会社法・商法
商 業 登記法
インプットした知識を使い、問題を解く訓練をします。解けなかった問題は復習してさらにPower Up!
記述解法ベースアップ講座全20回
不動産登記法 10回
インプット[講義]で基礎知識を修得後、さらにレベルアップをした解き方を伝授し、演習力もアップさせていきます。

インプットとアウトプットのリンクにより短期合格を可能に!

合格に必要な力は、適切な情報収集(インプット)→知識定着(復習)→実践による知識の確立(アウトプット)という3つの段階を経て身に付くものです。新15ヵ月合格コースではインプット講座に対応したアウトプットを提供し、これにより短期合格が確実なものとなります。

通学／通信

初学者向け総合講座

本コースは全くの初学者からスタートし、司法書士試験に合格することを狙いとしています。入門から合格レベルまで、必要な情報を詳しくかつ法律の勉強が初めての方にもわかりやすく解説します。

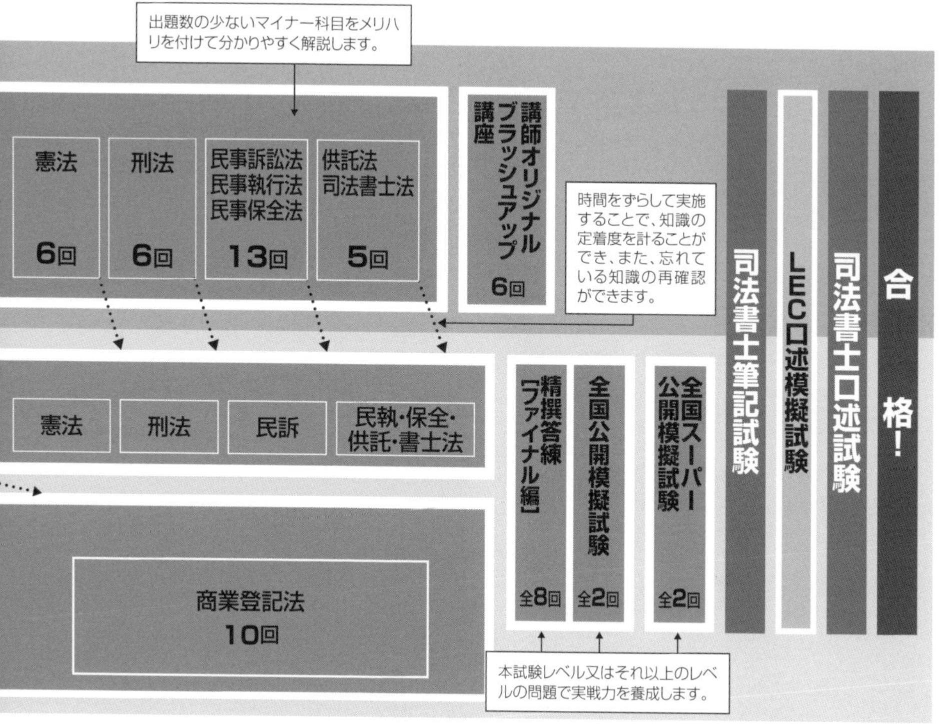

※本カリキュラムは、2023年８月１日現在のものであり、講座の内容・回数等が変更になる場合があります。予めご了承ください。

スマートフォン・タブレットから簡単アクセス！ ▷▷

自慢のメールマガジン配信中！（登録無料）

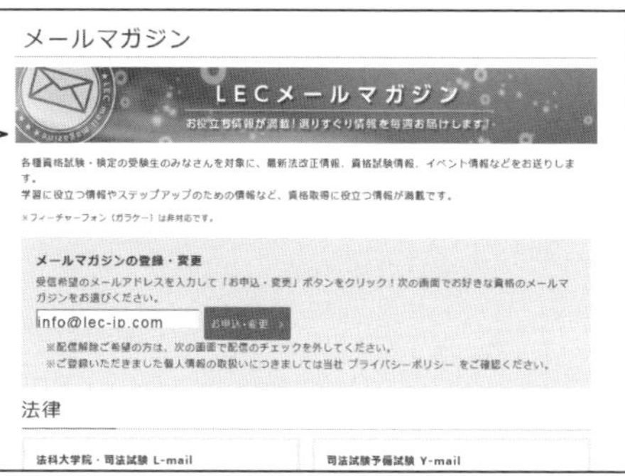

LEC講師陣が毎週配信！　最新情報やワンポイントアドバイス，改正ポイントなど合格に必要な知識をメールにて毎週配信。

www.lec-jp.com/mailmaga/

LECオンラインショップ

充実のラインナップ！　LECの書籍・問題集や講座などのご注文がいつでも可能です。また，割引クーポンや各種お支払い方法をご用意しております。

online.lec-jp.com/

LEC電子書籍シリーズ

LECの書籍が電子書籍に！　お使いのスマートフォンやタブレットで，いつでもどこでも学習できます。

※動作環境・機能につきましては，各電子書籍ストアにてご確認ください。

www.lec-jp.com/ebook/

LEC書籍・問題集・レジュメの紹介サイト **LEC書籍部** **www.lec-jp.com/system/book/**

- LECが出版している書籍・問題集・レジュメをご紹介
- 当サイトから書籍などの直接購入が可能(*)
- 書籍の内容を確認できる「チラ読み」サービス
- 発行後に判明した誤字等の訂正情報を公開

＊商品をご購入いただく際は，事前に会員登録(無料)が必要です。
＊購入金額の合計・発送する地域によって，別途送料がかかる場合がございます。

※資格試験によっては実施していないサービスがありますので，ご了承ください。

LEC全国学校案内

＊講座のお問合せ，受講相談は最寄りのLEC各校へ

LEC本校

北海道・東北

札　幌本校　☎011(210)5002
〒060-0004 北海道札幌市中央区北4条西5-1　アスティ45ビル

仙　台本校　☎022(380)7001
〒980-0022 宮城県仙台市青葉区五橋1-1-10　第二河北ビル

関東

渋谷駅前本校　☎03(3464)5001
〒150-0043 東京都渋谷区道玄坂2-6-17　渋東シネタワー

池　袋本校　☎03(3984)5001
〒171-0022 東京都豊島区南池袋1-25-11　第15野萩ビル

水道橋本校　☎03(3265)5001
〒101-0061 東京都千代田区神田三崎町2-2-15　Daiwa三崎町ビル

新宿エルタワー本校　☎03(5325)6001
〒163-1518 東京都新宿区西新宿1-6-1　新宿エルタワー

早稲田本校　☎03(5155)5501
〒162-0045 東京都新宿区馬場下町62　三朝庵ビル

中　野本校　☎03(5913)6005
〒164-0001 東京都中野区中野4-11-10　アーバンネット中野ビル

立　川本校　☎042(524)5001
〒190-0012 東京都立川市曙町1-14-13　立川MKビル

町　田本校　☎042(709)0581
〒194-0013 東京都町田市原町田4-5-8　MIキューブ町田イースト

横　浜本校　☎045(311)5001
〒220-0004 神奈川県横浜市西区北幸2-4-3　北幸GM21ビル

千　葉本校　☎043(222)5009
〒260-0015 千葉県千葉市中央区富士見2-3-1　塚本大千葉ビル

大　宮本校　☎048(740)5501
〒330-0802 埼玉県さいたま市大宮区宮町1-24　大宮GSビル

東海

名古屋駅前本校　☎052(586)5001
〒450-0002 愛知県名古屋市中村区名駅4-6-23　第三堀内ビル

静　岡本校　☎054(255)5001
〒420-0857 静岡県静岡市葵区御幸町3-21　ペガサート

北陸

富　山本校　☎076(443)5810
〒930-0002 富山県富山市新富町2-4-25　カーニープレイス富山

関西

梅田駅前本校　☎06(6374)5001
〒530-0013 大阪府大阪市北区茶屋町1-27　ABC-MART梅田ビル

難波駅前本校　☎06(6646)6911
〒556－0017 大阪府大阪市浪速区湊町1-4-1
大阪シティエアターミナルビル

京都駅前本校　☎075(353)9531
〒600-8216 京都府京都市下京区東洞院通七条下ル2丁目
東塩小路町680-2　木村食品ビル

四条烏丸本校　☎075(353)2531
〒600-8413　京都府京都市下京区烏丸通仏光寺下ル
大政所町680-1　第八長谷ビル

神　戸本校　☎078(325)0511
〒650-0021 兵庫県神戸市中央区三宮町1-1-2　三宮セントラルビル

中国・四国

岡　山本校　☎086(227)5001
〒700-0901 岡山県岡山市北区本町10-22　本町ビル

広　島本校　☎082(511)7001
〒730-0011 広島県広島市中区基町11-13　合人社広島紙屋町アネクス

山　口本校　☎083(921)8911
〒753-0814 山口県山口市吉敷下東 3-4-7　リアライズⅢ

高　松本校　☎087(851)3411
〒760-0023 香川県高松市寿町2-4-20　高松センタービル

松　山本校　☎089(961)1333
〒790-0003 愛媛県松山市三番町7-13-13　ミツネビルディング

九州・沖縄

福　岡本校　☎092(715)5001
〒810-0001　福岡県福岡市中央区天神4-4-11　天神ショッパーズ福岡

那　覇本校　☎098(867)5001
〒902-0067 沖縄県那覇市安里2-9-10　丸姫産業第2ビル

EYE関西

EYE 大阪本校　☎06(7222)3655
〒530-0013　大阪府大阪市北区茶屋町1-27　ABC-MART梅田ビル

EYE 京都本校　☎075(353)2531
〒600-8413　京都府京都市下京区烏丸通仏光寺下ル
大政所町680-1　第八長谷ビル

LEC提携校

＊提携校はLECとは別の経営母体が運営をしております。
＊提携校は実施講座およびサービスにおいてLECと異なる部分がございます。

北海道・東北

八戸中央校【提携校】 ☎0178(47)5011
〒031-0035 青森県八戸市寺横町13 第1朋友ビル 新教育センター内

弘前校【提携校】 ☎0172(55)8831
〒036-8093 青森県弘前市城東中央1-5-2
まなびの森 弘前城東予備校内

秋田校【提携校】 ☎018(863)9341
〒010-0964 秋田県秋田市八橋鯲沼町1-60
株式会社アキタシステムマネジメント内

関東

水戸校【提携校】 ☎029(297)6611
〒310-0912 茨城県水戸市見川2-3092-3

所沢校【提携校】 ☎050(6865)6996
〒359-0037 埼玉県所沢市くすのき台3-18-4 所沢K・Sビル
合同会社LPエデュケーション内

東京駅八重洲口校【提携校】 ☎03(3527)9304
〒103-0027 東京都中央区日本橋3-7-7 日本橋アーバンビル
グランデスク内

日本橋校【提携校】 ☎03(6661)1188
〒103-0025 東京都中央区日本橋茅場町2-5-6 日本橋大江戸ビル
株式会社大江戸コンサルタント内

東海

沼津校【提携校】 ☎055(928)4621
〒410-0048 静岡県沼津市新宿町3-15 萩原ビル
M-netパソコンスクール沼津校内

北陸

新潟校【提携校】 ☎025(240)7781
〒950-0901 新潟県新潟市中央区弁天3-2-20 弁天501ビル
株式会社大江戸コンサルタント内

金沢校【提携校】 ☎076(237)3925
〒920-8217 石川県金沢市近岡町845-1 株式会社アイ・アイ・ピー金沢内

福井南校【提携校】 ☎0776(35)8230
〒918-8114 福井県福井市羽水2-701 株式会社ヒューマン・デザイン内

関西

和歌山駅前校【提携校】 ☎073(402)2888
〒640-8342 和歌山県和歌山市友田町2-145
KEG教育センタービル 株式会社KEGキャリア・アカデミー内

中国・四国

松江殿町校【提携校】 ☎0852(31)1661
〒690-0887 島根県松江市殿町517 アルファステイツ殿町
山路イングリッシュスクール内

岩国駅前校【提携校】 ☎0827(23)7424
〒740-0018 山口県岩国市麻里布町1-3-3 岡村ビル 英光学院内

新居浜駅前校【提携校】 ☎0897(32)5356
〒792-0812 愛媛県新居浜市坂井町2-3-8 パルティフジ新居浜駅前店内

九州・沖縄

佐世保駅前校【提携校】 ☎0956(22)8623
〒857-0862 長崎県佐世保市白南風町5-15 智翔館内

日野校【提携校】 ☎0956(48)2239
〒858-0925 長崎県佐世保市椎木町336-1 智翔館日野校内

長崎駅前校【提携校】 ☎095(895)5917
〒850-0057 長崎県長崎市大黒町10-10 KoKoRoビル
minatoコワーキングスペース内

高原校【提携校】 ☎098(989)8009
〒904-2163 沖縄県沖縄市大里2-24-1
有限会社スキップヒューマンワーク内

※上記は2024年5月1日現在のものです。

書籍の訂正情報について

このたびは，弊社発行書籍をご購入いただき，誠にありがとうございます。
万が一誤りの箇所がございましたら，以下の方法にてご確認ください。

1 訂正情報の確認方法

書籍発行後に判明した訂正情報を順次掲載しております。
下記Webサイトよりご確認ください。

www.lec-jp.com/system/correct/

2 ご連絡方法

上記Webサイトに訂正情報の掲載がない場合は，下記Webサイトの入力フォームよりご連絡ください。

lec.jp/system/soudan/web.html

フォームのご入力にあたりましては，「Web教材・サービスのご利用について」の最下部の「ご質問内容」に下記事項をご記載ください。

- 対象書籍名（○○年版，第○版の記載がある書籍は併せてご記載ください）
- ご指摘箇所（具体的にページ数と内容の記載をお願いいたします）

ご連絡期限は，次の改訂版の発行日までとさせていただきます。
また，改訂版を発行しない書籍は，販売終了日までとさせていただきます。

※上記「2ご連絡方法」のフォームをご利用になれない場合は，①書籍名，②発行年月日，③ご指摘箇所，を記載の上，郵送にて下記送付先にご送付ください。確認した上で，内容理解の妨げとなる誤りについては，訂正情報として掲載させていただきます。なお，郵送でご連絡いただいた場合は個別に返信しておりません。

送付先：〒164-0001 東京都中野区中野4-11-10 アーバンネット中野ビル
株式会社東京リーガルマインド 出版部 訂正情報係

- 誤りの箇所のご連絡以外の書籍の内容に関する質問は受け付けておりません。
また，書籍の内容に関する解説，受験指導等は一切行っておりませんので，あらかじめご了承ください。
- お電話でのお問合せは受け付けておりません。

講座・資料のお問合せ・お申込み

LECコールセンター 携帯OK 0570-064-464

受付時間：平日9:30～20:00/土・祝10:00～19:00/日10:00～18:00

※このナビダイヤルの通話料はお客様のご負担となります。
※このナビダイヤルは講座のお申込みや資料のご請求に関するお問合せ専用ですので，書籍の正誤に関するご質問をいただいた場合，上記「2ご連絡方法」のフォームをご案内させていただきます。